DIÁRIO DE UM PRÍNCIPE NO RIO DE JANEIRO

Baú de Histórias

François Ferdinand Philippe Louis Marie d'Orléans

Diário de um Príncipe no Rio de Janeiro

Tradução
Marisa Murray

JOSÉ OLYMPIO
EDITORA

Título original em francês
JOURNAL DU PRINCE DE JOINVILLE AU BRÉSIL, 1837-1838

Reservam-se os direitos desta edição à
EDITORA JOSÉ OLYMPIO LTDA.
Rua Argentina, 171 – 1º andar – São Cristóvão
20921-380 – Rio de Janeiro, RJ – República Federativa do Brasil
Tel.: (21) 2585-2060 Fax: (21) 2585-2086
Printed in Brazil / Impresso no Brasil

Atendemos pelo Reembolso Postal

ISBN 85-03-00886-6

Capa: CRISTIANA BARRETTO E FLÁVIA CAESAR/FOLIO DESIGN
Coordenação da coleção: MARY DEL PRIORE
Acervo Museu Imperial
Ilustração de capa: ACERVO DO MUSEU IMPERIAL

CIP-Brasil. Catalogação-na-fonte
Sindicato Nacional dos Editores de Livros, RJ.

J65d Joinville, François Ferdinand Philippe Louis Marie d'Orleáns, Príncipe de, 1818-1900

Diário de um príncipe no Rio de Janeiro / François Ferdinand Philippe Louis Marie d'Orléans; tradução Marisa Murray. – Rio de Janeiro: José Olympio, 2006.

. – (Baú de histórias)

Tradução de: Journal du Prince de Joinville au Brésil, 1837-1838
ISBN 85-03-00886-6

1. Joinville, François Ferdinand Philippe Louis Marie d'Orleáns, Príncipe de, 1818-1900 – Viagens – Rio de Janeiro (RJ). 2. Joinville, François Ferdinand Philippe Louis Marie d'Orleáns, Príncipe de, 1818-1900 – Diários. 3. Rio de Janeiro (RJ) – Descrições e viagens. 4. Rio de Janeiro (RJ) – Usos e costumes. I. Título. II. Série.

06-1449 CDD – 918.1531
CDU – 913(815.31)

SUMÁRIO

APRESENTAÇÃO

A coleção *Baú de Histórias* se pretende uma janela para o passado e o presente. Ao mesmo tempo conhecimento do mundo e da cultura que nos cerca, ela convida à exploração de temas e autores que raramente estão ao alcance do leitor. Reunindo documentos e narrativas, textos literários ou de viagens, apresenta-nos a raros testemunhos de um universo e de um tempo que perdemos. Ao longo de suas páginas, se revelam terras de uma infinita diversidade, humanidades desconhecidas, terríveis condições de vida ou momentos privilegiados de descoberta sobre povos e fatos que o tempo levou. Gentilmente cedidos por renomados bibliógrafos como Paulo Geyer e José Mindlin, ou instituições como o Museu Imperial, estes textos de interesse literário, histórico e etnográfico são apresentados por grandes especialistas, além de prometer ao leitor o prazer de percorrer inéditos e raridades bibliográficas até hoje marcados pela indiferença e o esquecimento. É com alegria que convidamos o leitor a abrir este *Baú de Histórias*, na certeza de sua delícia e encantamento.

Mary Del Priore
Historiadora
Coordenadora da coleção Baú de Histórias

PREFÁCIO

O AMANTE DAS VELAS... CONFISSÕES E MEMÓRIAS DO PRÍNCIPE DE JOINVILLE

"O príncipe chegou!" — grita o moleque, surgindo de repente por entre a moita de bambus, no alto da Boa Vista, fazendo despencar montanha abaixo a elegante comitiva que se preparava para um belo convescote, como nos conta uma participante estratégica da cena, a baronesa de Langsdorff. Esta ilustre personagem e seu marido, o barão, estavam no Rio de Janeiro à espera da fragata *Belle Poule*, que traria o príncipe encantado e prometido aos braços de dona Francisca de Bragança, a irmã caçula de dom Pedro II. O casal estava devidamente credenciado pela corte francesa para entabular as negociações e o tratado de casamento, mas tudo não passava ainda de hipóteses e elucubrações, pois o suposto prometido ainda não se manifestara!

A publicação do diário de François Ferdinand Philippe Louis Marie d'Orléans, príncipe de Joinville, com um trecho dedicado à sua primeira estadia no Brasil, constitui um presente raro para o público brasileiro e de língua portuguesa, que nos permite entrever, através de uma janela sobre o passado, uma pitoresca e sedutora paisagem natural, histórica e social da primeira metade do século XIX em nosso país. A leitura dessas confissões íntimas e bastante reveladoras de um jovem tenente da Marinha Francesa, então com vinte anos, e em especial de um filho do rei da França, Louis Phillippe, durante o regime fugaz e pouco convincente da chamada "Monarquia de Julho" (1830-1848) tem a qualidade das fugas oníricas que a imagem ou, no caso, a realidade de um navio veleiro nos permite, ou, praticamente, nos impõe à mente de maneira inexorável. Qualidade que se manifesta ainda hoje no encantamento, no espanto e no frescor da narrativa fluente do príncipe, artista, navegador e aventureiro, como acontece com tantos outros relatos de viagens dos europeus que se atreveram a "descobrir" o Brasil em diferentes momentos.

O terceiro filho de Louis Philippe, duque d'Orléans, antes de ser aclamado rei dos franceses, François d'Orléans, ou "Joinville", como era chamado até pela família, é o tipo modelo do "príncipe perfeito", do *l'honnête homme* no sentido clássico, sem deixar de ser absolutamente original, sedutor, duramente crítico e finamente irônico, como seus manuscritos, textos e aquarelas o revelam. De todos os oito filhos da rainha Maria Amélia (uma Bourbon de sangue italiano, filha da rainha de Nápoles, Maria Carolina, e neta da grande Maria Theresa da Áustria), foi o único a nascer moreno, com olhos rasgados e um nariz reto em seu rosto oval, magistralmente retratado por Winterhalter, de par com o retrato do seu *oiseaux des îles*, a bela Chica, irmã do nosso imperador. Era igualmente o mais engraçado, alegre e, principalmente, o mais artista e o mais sensível na família, que circulava feliz pelo Château de Neuilly, às margens do Sena, onde nasceu Joinville a 14 de agosto de 1818. Um episódio citado por Suzanne

Normand,[1] a partir da biografia da rainha Maria Amélia escrita por Robert Burnard, revela curiosamente o espírito do jovem príncipe, "surgindo repentinamente no salão familiar de Neuilly, fantasiado de mendigo, sujo de fuligem e de suco de tomate, um violão a tiracolo e cantando aos altos brados um estribilho do porto de Nápoles". Pretendia assim arrancar a rainha sua mãe de sua tapeçaria, para arrastá-la numa valsa frenética ante o olhar surpreendido dos demais... "Me assustaste, Joinville, acabe de vez com essa brincadeira", retorna, solene, a rainha da França.

A originalidade de suas atitudes e opiniões deixa entrever, ao longo de suas memórias e confissões, a formação rígida de um príncipe do seu tempo, apegada à etiqueta e às normas, ao bom senso e à fria objetividade, à racionalidade francesa e à seriedade com que toma sua missão. Em um minuto, porém, essa impressão é radicalmente alterada, ao percebermos seus olhares sensuais para uma mulata "bem torneada", numa birosca aos pés do Corcovado, ou para os colos cobertos de jóias debruçados nos balcões de Barbacena, para ver a comitiva passar. E é com espanto que dificilmente podemos crer no relato de um almoço a bordo da *Belle Poule*, para o qual Joinville recebe os cunhados dom Pedro e dona Januária, e sua recém-esposa, Francisca, dias antes da partida para a França, em sua terceira e última viagem ao Brasil, em 1843. Pois é o próprio imperador, pasmem, quem inicia uma guerra de migalhas de pão, atacando de início a sua preceptora, as

[1] "O príncipe de Joinville e a Marinha de seu tempo", texto avulso divulgado pelo Serviço Francês de Informação e Imprensa da Embaixada da França.

irmãs e envolvendo o príncipe na brincadeira, alucinadamente, de modo que em poucos minutos estão trocando tiros com os oficiais de bordo! Facetas curiosas e inesperadas que revelam as crianças de infância perdida e não vivida, como foram os nossos pequenos órfãos imperiais.

De outra feita, sua atitude lembra a de um Salvador Dalí, em sua *vernissage* em Nova York, quando aparece desfilando com um tigre de bengala em uma corrente. Em meio ao mais luxuoso baile que oferece à corte brasileira a bordo do *Hercules*, em sua despedida do Rio de Janeiro, o príncipe manda soltar seu "leãozinho", que recebera de presente no Senegal... não contente com isso, manda esconder os escaleres para que as damas que já se aprontavam para partir não pudessem embarcar... e assim dançam, regados a vinho e champanhe, até "a morte"!

O trecho do diário do príncipe de Joinville aqui veiculado, traduzido do texto em francês, publicado pela primeira vez, com notas de Lourenço Lacombe, no Anuário n. XI (1950) do Museu Imperial, corresponde à sua primeira viagem ao Brasil, de 1º de janeiro de 1838 a 22 de fevereiro do mesmo ano, e faz parte dos dois volumes manuscritos, com escrita de calígrafo, preservados no Arquivo Histórico da instituição. Juntamente com quatro álbuns de desenhos, aquarelas e estampas, e uma série inédita de caricaturas, compõem um conjunto raro e de extremo interesse para os estudiosos do período, que o Museu Imperial pretende publicar na íntegra, em edição especial.

Embarcando no *Hercules* em novembro de 1837, como *lieutenant de vaisseau*, ou seja oficial-tenente, então com dezenove anos de idade, Joinville vai nesta viagem "descobrir" o Brasil, a América do Sul, os trópicos e este "novo mundo" que lhe provocará as mais diversas impressões: de espanto, de rejeição, de choque, de deslumbramento, de admiração, de efervescência imaginativa e criativa, que atestam sua alma de artista. É nesta primeira visita que vai conhecer os primos de Bragança, também parentes pelo lado materno da casa dos Habsburgo. O imperador menino, "do tamanho de sua perna", cuja rigidez, sobriedade e contensão o impressionam profundamente, provoca-lhe mais impacto do que as duas princesas, das quais muito pouco pode apreciar além de suas bocas com dentes horríveis. Mas após o segundo encontro, no Palácio de São Cristóvão, com a intermediação da "Dadama", dona Mariana de Verna Magalhães, a feia e querida preceptora, e do mordomo, senhor Barbosa — Paulo Barbosa da Silva, o mordomo-mor da Casa Imperial —, a interação começa a acontecer. O "menino velho" mostra ao jovem marinheiro sua coleção de pedras e o encanta com seus conhecimentos, dançam freneticamente, tocam piano a seis mãos e riem a solta com as caricaturas que o príncipe se diverte em rabiscar, não deixando de perceber, como este registra em seu diário, as manobras que o empurram sistematicamente para o lado da pequena Francisca, então com treze anos de idade. O destino dos príncipes, como sabiam eles, parte sempre desses rabiscos, bem ou mal traçados, das estratégias do jogo do poder.

É na terceira viagem ao Brasil, segunda ao Rio, já em 1843, que o pedido longamente esperado (e tramado pela rainha Maria Amélia) acontece, casando-se o príncipe de Joinville com a irmã mais moça de dom Pedro II, dona Francisca Carolina de Bragança, pouco mais de um mês depois de sua chegada. Os tratados haviam sido estabelecidos pelo enviado especial dos reis da França, o barão de Langsdorff, e o plenipotenciário brasileiro, senador e conselheiro Bernardo Pereira de Vasconcellos. O dote da princesa, fixado em 750 contos, incluía glebas de terras escolhidas na província de Santa Catarina, no que constitui hoje o município de Joinville, que, entretanto, nunca foi visitado pelo casal. A cerimônia do casamento teve lugar no Palácio de São Cristóvão, em 1° de maio de 1843, por decisão do príncipe, que não quis esperar a autorização de Paris, e já no dia 13 embarcam na *Belle Poule* com destino a Brest, onde aportam setenta dias depois. O belíssimo cofre de porcelana de Sèvres em exposição no Museu Imperial, presente da rainha aos noivos, retrata em placas de porcelana de autoria de Garneray a cena do embarque da princesa junto à enseada da Glória, além de outras cenas marcantes da vida do príncipe, como a mais famosa delas, o embarque das cinzas de Napoleão em Santa Helena, na mesma *Belle Poule* comandada por Joinville, para seu repatriamento e enterro em Paris.

Neste trecho de seus diários, por ele mesmo designado *Journal d'un Séjour au Brésil*, Joinville descreve não só a vida no Rio de janeiro e na corte de São Cristóvão, não poupando críticas e ironias aos seus principais personagens, mas aproveita para fazer uma longa excursão ao interior, à região das Minas Gerais — interesses econômicos e comerciais não estão ausentes desta aventura —, subindo a serra dos Órgãos, pousando na fazenda dos Correias (atual distrito de Corrêas, em Petrópolis, RJ), a caminho do interior, e chagando a Barbacena, Ouro Preto e Mariana. Sua descrição da visita à mina de Gongo-Soco, explorada pelos ingleses com mineiros da Cornualha e quatrocentos escravos a seu serviço, é rica de detalhes e de comentários sobre o estado do desenvolvimento local, que o príncipe não parece entender. Experimentou retirar das veias mais profundas pepitas de manganês da grossura de seu dedo mínimo. Em sua longa excursão em lombo de mulas através dos "esplendores e da monotonia" da mata virgem, registra detalhadamente suas observações e impressões e se atreve a formular hipóteses sobre o futuro do país. Uma delas aborda o tema (ainda atual) da dificuldade do transporte de mercadorias e da necessidade de preparar os rios do interior para o possível escoamento das riquezas. Uma das hipóteses seria o São Francisco, mas a escolha se fez, naquele contexto e conjuntura, pelo rio Doce, porque sua embocadura ficava entre os portos da Bahia e do Rio. "Dentro de cinco anos acreditam ter organizado o serviço e poder abrir o novo país à civilização (...). Daqui a uns dez anos vou voltar para ver isso tudo. Em breve vamos ver barcos a vapor de oitenta cavalos que organizarão o negócio; tenho muita esperança de que isso vá dar certo." Ao mesmo tempo comenta: "a preguiça brasileira não sabe tirar partido das produções deste país (...) fiz uma viagem interessante que me fez conhecer bem o Brasil, mas é a mesma coisa por todo lado, o que me desencantou sobre uma infinidade de pontos."

Reclamando da pouca variedade de alimentos ("galinha, porco e queijo, eis o principal"), Joinville será talvez o primeiro viajante a registrar um dos nossos mais preciosos "patrimônios imateriais": "na maior parte do tempo", informa o príncipe faminto, "encontramos as *confitures* de marmelo ou goiaba, o que se chama 'doce' por aqui".

Em seu caminho de retorno ao Rio, passando por Barbacena, reencontra um amigo de viagem que vem a ser saudado com a alegria que já denota a contaminação dos forasteiros pelo "espírito da terra" — o das amizades imediatas, calorosas e superficiais — pelo apelido irônico com que o batizaram, "'Muito Bao' (...) porque repetia isso a todo instante!"

Algumas reflexões e observações do príncipe seriam *tout à fait* contemporâneas... Após o descanso e o jantar: "tive uma longa conversa sobre o estado deste país, onde todo poder caiu nas mãos da Câmara dos Deputados (...)." É o período da Regência, durante a menoridade do imperador, estando o encargo nas mãos de Pedro de Araújo Lima, sucessor de Feijó.

"Tomando as rédeas do governo, esses senhores (senadores e deputados) foram obrigados a reconhecer que todas as instituições que tinham tantas vezes condenado eram necessárias para governar um país. Pressionados entre as exigências do poder e as do partido que os elegeram, ficaram muito confusos; as revoluções da Bahia e do Rio Grande complicam a situação e a falta de tropas e, sobretudo, de dinheiro, a coisa mais rara neste país, fazem com que eu não saiba como eles vão se sair nesse assunto." E completa com a observação mais óbvia e intrigante para qualquer viajante que por aqui chegasse e percorresse essas paragens naquela época, e que continua pertinente e intrigante para os que aqui aportam nos dias de hoje: "Mas há uma coisa que salta aos olhos — *crève les yeux* —, é a impossibilidade de conservar unido este imenso Império. As províncias comerciais do Pará, de Pernambuco e da

Bahia vão separar-se, a do Rio Grande do Sul já se libertou e Santa Catarina seguirá em breve seu exemplo. Restará então um Império composto de Rio de Janeiro, São Paulo, Minas, Goyas, Matocross (*sic*) e alguns pequenos lugares cujo nome eu esqueci." O milagre brasileiro da unidade nacional em tão vasta extensão territorial já intrigava os forasteiros e pode em parte ser atribuído à pequena figura ridícula de um menino fardado e empertigado, de olhos fundos e testa abaulada, que já com doze anos levava muito a sério o seu país e sua "missão pessoal", enquanto presenteava seus visitantes com *oiseaux-mouches*, pássaros-mosca, ou melhor, beija-flores empalhados...

Se a paixão de Pedro II foi o Brasil e sua imaginação sempre esteve a serviço de sua "grandeza e prosperidade", como afirma em seu bilhete de despedida à Nação, a paixão de François d'Orléans sempre foram as velas, sua imaginação inflada pela rosa-dos-ventos dando a volta ao mundo em busca de aventuras e novas paisagens. A vocação do navegador começa muito cedo, em Neuilly, ao ouvir as histórias de um certo conde d'Houdetot, velho cabo de guerra francês, que havia viajado em muitas terras. Seu primeiro preceptor, um certo *monsieur* Trognon (senhor Caroço), estimula e aprecia ao que parece a sua queda especial pelos terrenos da fantasia. Aprende com rapidez fora do comum, dizem os mestres, o desenho, a música e as danças, aprecia também a esgrima, a natação, a canoagem no Sena... a sensibilidade do príncipe se divide entre as armas e as artes, e é natural que afirme que "alguns escrevem suas memórias, eu as pinto" — apesar de desenhar magistralmente, Joinville escreve com igual talento. Aos treze anos é embarcado pelo pai no *Artemise*, onde permanece os três anos previstos para o voluntariado. Aos dezesseis, é nomeado "aluno de Marinha de primeira classe", pouco depois já é tenente da Marinha, *lieutenant de vaisseau*...

Artemise, *La Didon*, *Iphigénie*, *Hercules*, *Favorite*, *La Belle Poule* — estas foram sem dúvida as grandes paixões de Joinville. Aos 25 anos é contra-almirante, aos 26, membro do Conselho do Almirantado. Em seus *Vieux Souvenirs*, biografia publicada em 1894, o príncipe relata e retrata seus amores e aventuras à sombra das velas. Manifesta viva simpatia por esses bons marinheiros de fisionomia aberta, tão simples, tão resoluta. "Em resumo", confessa, "estava preso, e esse amor só acabará comigo". Joinville vive apaixonadamente os últimos momentos da navegação à vela, assistindo o surgimento dos barcos a vapor, que observa e analisa com entusiasmo, antecipando o futuro próximo da Marinha e a evolução nos combates navais.

O relato de sua vida termina tragicamente em 1848, com a revolução e o fim da "Monarquia de Julho" e o exílio de toda a família na Inglaterra. Aos trinta anos, Joinville e seus irmãos são forçados a abandonar a vida ativa na Marinha e no Exército da França, onde se destacaram como brilhantes oficiais e comandantes. A paixão pelas velas passa a ser então uma velha lembrança, e, sua vida, uma viagem em um navio fantasma de recordações... um permanente "embarque para Cytara", para sempre exposto a nossos olhos e nossas mentes nas paredes e nos arquivos dos museus, ou agora na nossa estante preferida.

Maria de Lourdes Parreiras Horta,
Diretora do Museu Imperial de Petrópolis

DIÁRIO DO PRÍNCIPE DE JOINVILLE

O Museu Imperial adquiriu recentemente uma interessante coleção de livros que havia pertencido ao príncipe de Joinville e que os alfarrabistas europeus, conhecedores do valor das peças, fizeram passar ao Brasil. Entre os volumes que vieram ter à biblioteca desta instituição salienta-se o precioso *Diário* das viagens realizadas por aquele filho de Louis Philippe em 1837-1838 e 1841. São dois grossos cadernos, primorosamente manuscritos — obra de calígrafo —, com desenhos, embora sem assinatura, mas certamente de autoria do príncipe, de quem são umas poucas anotações e correções marginais.

Pena é que o ilustre viajante não se inspirasse mais em nossa terra para enriquecer a parte iconográfica do seu *Diário*.

Dando publicidade ao texto que mais nos interessa — o que ele mesmo designou: “Diário da estada no Brasil” —, não nos podemos furtar de transcrever, nesta pequena introdução, a entrada em nossa baía, o que se dá, precisamente, a 1º de janeiro de 1838:

1º de janeiro, 1838 — Começo por desejar feliz ano-novo a todo mundo. Nós costeamos ao longo de belos trechos bem arborizados, com essa vegetação equatorial tão rica e tão variada; por todos os lados havia coqueiros, minha árvore preferida. Enfim à noite chegamos ao arquipélago que se encontra na entrada da baía; depois, sob a luz de um belo luar, chegamos na entrada estreita do porto ilustrada pelas proezas de Duguay-Trouin. Depois de uma conversa por meio de um porta-voz com o forte de Santa Cruz tentamos penetrar na baía, mas, levados pela violência das correntes, fomos obrigados a ancorar ao pé do Pão de Açúcar, montanha singular assim chamada por causa do seu feitio, e que como um imenso farol indica aos navios a entrada do Rio de Janeiro. O almirante Leblanc veio a bordo; contou-me sobre a insurreição na Bahia e que seria impossível a minha ida para lá. Parece que estávamos sendo esperados há muito tempo e que cada vez que aparecia uma embarcação francesa o pequeno imperador corria para junto de suas irmãs, gritando: "Chegou o príncipe de Joinville, vistam-se depressa."

2 — Essa manhã, esperando a brisa do mar, fui passear pelo tombadilho. O aspecto desse estreito é bizarro: não tem mais de meia milha de largura, é flanqueado por fortes de cada lado e no centro há um rochedo sobre o qual construíram um parapeito guarnecido de artilharia. O original Pão de Açúcar que ao entrar fica à esquerda, a bela vegetação, o Rio e sua baía cheia de navios de guerra e a forma irregular das montanhas ao fundo, tudo isso iluminado pelo sol quente de verão dos trópicos dá à vista de olhos um belo aspecto.

Sobre suas opiniões a respeito de pessoas e coisas do Brasil, devemos notar o espírito de franca crítica que presidiu a toda a descrição de nossos usos e costumes — desde as recepções ou simples jantares em São Cristóvão a convite do imperador menor, até os hábitos do interior brasileiro aprendidos na jornada para Minas.

Quanto às primeiras dessas críticas não podemos deixar passar sem reparo o gênio verdadeiramente pilhérico do príncipe, que oblitera muitas vezes seu julgamento, forçando as descrições e dando às cenas um caráter propositadamente malicioso. Nas opiniões e impressões da corte, a par do aspecto assinalado acima, há o humano e sincero, expressado nas palavras com que depôs sobre os pequenos príncipes brasileiros:

> Eu me retirei cedo cheio de piedade por estas pobres crianças abandonadas, a quem damos justo o necessário do que precisam para viver e que são incessantemente perseguidas por uma nuvem de pessoas sem moral, que deixam o país que lhes confiamos se dividir e cair em uma rápida decadência...

É comovente.

Os nomes estropiados devem ser, em parte, atribuídos ao desconhecimento da língua pelo príncipe e, principalmente, pelo copista, ao qual são devidas grande parte dos irreconhecíveis lugares por onde andou Sua Alteza.

Ao texto, transcrito tal qual está no *Diário*, com todas as incongruências e enganos, juntamos pequenas notas, apenas para esclarecimento dos nomes citados, sem intuito de comentário.

As estampas foram selecionadas dos álbuns de desenhos que pertenceram a Joinville e adquiridos pelo Museu Imperial juntamente com o *Diário*.*

LOURENÇO LUÍS LACOMBE
Chefe da Divisão de Documentação Histórica

*Devido ao formato da coleção Baú de Histórias, não nos foi possível publicar as estampas. (*N. da E.*)

DIÁRIO DA ESTADA NO BRASIL

2 de janeiro de 1838 — Ancorados no Rio de Janeiro no cais das Cobras passo meu dia em audiências, visitas, recepções de toda espécie. À noite organizo para depois de amanhã um passeio ao Corcovado e para segunda-feira minha partida para uma grande excursão pelo interior.

3 de janeiro — Desembarco esta manhã diante do Palácio do Imperador, uma espécie de casa grande quadrada sem nenhum gosto e um aspecto triste, entro na capela que é coberta de dourados e ornada de tribunas, nada de original. De lá, sigo por uma rua toda reta que chamam de rua d'Ovidos.[1] É grande a curiosidade do Rio, está cheia de estabelecimentos comerciais quase todos franceses e bem abastecidos. É lá que se encontram as lojas de flores de penas, insetos etc. Eu queria ir ao Gabinete de História Natural, mas este se encontrava fechado; voltei para o meio de uma população de negros da raça cafre ou moçambicanos horrorosos, em direção ao mercado onde eu me propunha a fazer compras de animais,

---

[1]A já tão famosa rua do Ouvidor por onde entrou, certamente, via Primeiro de Março, então rua Direita, por onde teria seguido ao sair da Capela Imperial.

mas não havia bonitos com exceção de algumas viúvas.* Entre os compradores percebi um chinês daqueles que a gente manda vir para cultivar o chá, que prospera na província de São Paulo. Voltando para bordo recebi o ministro das Relações Exteriores[2] e o corpo diplomático. Depois disso, arrasado por um calor sufocante sem vento e sem sol, vegeto olhando a baía, o Pão de Açúcar, o Corcovado e as pirogas que os remadores fazem voar sobre a água. Um número prodigioso de botes carrega passageiros na direção da Praia Grande,[3] é o campo do Rio. Saí às quatorze horas para ir ao bairro de Botafogo, onde residem os embaixadores, para fazer uma visita ao pobre barão Rouen,[4] que está doente com gota justamente na minha estada. Havia uns indícios de tempestade, nuvens grandes se amontoavam na direção de São Cristóvão e se aproximavam retumbando pelos cimos do Corcovado.

Tudo fazia prenunciar uma daquelas violentas tempestades de zona tórrida; realmente o cume das montanhas

*Gênero de pássaros da família dos Traupídeos de cor azul-violácea na parte superior e amarela banhada de vermelho na inferior. Ou da família dos Tiranídeos de plumagem negra e duas penas longas na cauda. (*N. da T.*)

[2]Conselheiro Antônio Peregrino Maciel Monteiro, nascido no Recife em 30 de março de 1804 e falecido em Lisboa em 5 de janeiro de 1868; segundo barão de Itamaracá por decreto de 14 de março de 1860. Foi deputado por sua província em várias legislaturas e ministro plenipotenciário em Portugal, em cujo posto morreu. Autor de várias obras poéticas. Foi ministro de estrangeiros no Ministério de 19 de setembro de 1837, o primeiro organizado pelo regente Araújo Lima.

[3]Niterói.

[4]Barão Achille Rouen, enviado extraordinário e ministro plenipotenciário do rei Louis Philippe junto à corte do Rio de Janeiro desde 30 de setembro de 1837.

foi envolvido pelas nuvens e um aguaceiro forte acompanhado por um vento muito violento arremeteu sobre nós. Os relâmpagos e as trovoadas repetidas pelos ecos eram aterradores; onde estava a rainha quando o raio caiu a poucos passos de mim perto de um barco carregado de negros apavorados?[5] Um cheiro forte que não sei como qualificar ficou no ar durante algum tempo. Encharcado até os ossos, não deixei de fazer minha visita onde encontrei a sra. Rouen também assim. Voltei a bordo para vestir um traje de gala e embarquei no barco imperial para fazer um desembarque pomposo. Fui desembarcar diante do Palácio Imperial; uma multidão enorme aí se comprimia, pois aqui neste país não há nenhum traço de polícia. Fui recebido por um camarista do imperador acompanhado de alguns de seus alabardeiros, espécie de suíços que pertencem ao corpo da guarda real. Fizeram-me subir em uma carruagem dourada atrelada a seis mulas amarelas, guiadas por um cocheiro, escoltados pela cavalaria cujas trombetas soam sem cessar e produzem os mesmos sons que as buzinas feitas de chifres de boi; partimos a galope para São Cristóvão. Na praça do palácio tinha um posto da guarda nacional ideal. O uniforme do imperador é verde com galões amarelos mosqueado de amaranto. O cocheiro usava um chapéu grande de três bicos com penas da cor da libré. O trajeto até São Cristóvão foi rápido através de uma estrada ladeada por jardins magníficos e aquele belo verde ainda estava refrescado pelo temporal que tinha acabado de cair. Final-

[5]Como se vê, a ida para Botafogo foi feita por mar.

mente passamos por uma grade de ferro e subindo por uma avenida sinuosa chegamos ao paço de um castelo de aparência pequena ao pé de uma escada como aquela de Fontainebleau, mas mil vezes menor. Lá sou recebido por um bando de camaristas, subo por entre alas formadas por alabardeiros e atravesso várias salas cheias de ministros etc. etc. O regente marquês de Lima[6] também vem à minha frente. Finalmente percebo uma figura miudinha, da altura da minha perna, empertigada, compenetrada, emproada: é Sua Majestade. Fiz-lhe uma profunda reverência à qual ele respondeu e dei-lhe meus cumprimentos de chegada; ele não me respondeu nada. Eu tinha preparado minha mão caso houvesse um aperto de mão, o que na verdade aconteceu, mas ele segurou a minha mão e entramos de mãos dadas com o meu sabre que eu não conseguia segurar, batendo-lhe nas pernas. Nós nos sentamos, e ele, sempre sem dizer nada, começou a contemplar-me; minha nossa, isso não me divertia nada, eu fazia frases para manter uma conversa, mas não obtinha sucesso. O regente, vendo o constrangimento geral, quis ajudar, e começou a falar comigo, mas tinha um problema, é que ele era surdo como uma porta e eu também, nós fizemos cacofonias enormes.

---

[6]Deve ter havido confusão entre o então regente Pedro de Araújo Lima (que só seria marquês em 1854) e o tutor de dom Pedro II, Manuel Inácio de Andrade Souto Maior Pinto Coelho, marquês de Itanhaém por decreto de 12 de outubro de 1826. Nascera este na então Capitania do Rio de Janeiro, a 5 de maio de 1782 e faleceu na corte, a 17 de agosto de 1867, como estribeiro-mor de Sua Majestade.

Enfim, vendo que isso se tornava insuportável, fiz menção de retirar-me, mas o imperador murmurou qualquer coisa ininteligível e, retomando nossa caminhada, encaminhamo-nos para os aposentos das princesas! Atenção! Começarei dizendo que eu estava tão embasbacado com todo esse cerimonial que não vi dessas pobres princesas senão o acanhamento e os dentes que são horríveis. Tinha no quarto um regimento de senhoras e, na frente delas, uma velha rabugenta, que era a governanta delas.[7] Fiz uma profunda reverência e, murmurando uma frase, entreguei à princesa Januária uma carta da rainha, depois sem uma palavra sentamo-nos. O imperador entre eu e suas irmãs, de modo que não pude mais vê-las. A velha aia que se plantou do meu outro lado contou-me sobre a afeição das princesas pela princesa Clementina, depois o imperador fez alguma perguntas sobre minha viagem a Constantina; e se eu havia passado por Goré. Eu não entendia senão a metade do que ele dizia e respondia a torto e a direito, cumprimentei-o sobre seu gosto pelo desenho e seu talento, mas isso não o descontraiu. Depois apresentei meus oficiais, e entreguei às pequenas princesas as jóias que a rainha havia enviado. Isto feito retirei-me, e tendo notado que na minha chegada as princesas haviam tirado as luvas da mão direita, provavelmente para que eu lhes beijasse a mão, o que não quis fazer, tendo depois notado

---

[7]Devia ser dona Mariana Carlota de Verna (a Dadama), condessa de Belmonte por decreto de 5 de maio de 1844. Nasceu em Elvas (Portugal) em 1759 e faleceu no Rio de Janeiro a 17 de outubro de 1885.

que isso não lhes agradou, fiz a coisa ao sair, quer dizer que encostei meu nariz contra suas mãos, pois meus lábios não conseguiram transpor a distância. Se eu ao menos cheirasse rapé!... Com isso saí depois de ter feito um *shake hands* com o imperador que despedido por suas irmãs veio me acompanhar. Ele convidou-me para jantar no dia 5 e espero ficar mais à vontade e quando tiver de carregar nas costas todas as aias (rebarbativas) e todos os camaristas do Brasil, não quero mais continuar com o papel de bobo desta noite. Voltei como vim, o imperador e as princesas são louros e miúdos, o imperador tem muito da família austríaca, mas com os modos de um homem de quarenta anos. Quanto às pequenas, elas estavam vestidas de maneira extravagante, mas farei minhas observações na sexta-feira.

Positivamente a aia de Sua Majestade e suas irmãs, cargo que exerciam desde 1825, mereciam melhor referência do príncipe visitante.

4 — Chove sem parar durante todo o dia, não saio do barco.

5 — Hoje de manhã desembarco e vou ao palácio[8] onde sou recebido por um bando de empregados com roupas verdes bordadas e uma espada; alguns têm condecorações. Sou introduzido no antigo quarto de João VI onde me alojo: é velho e pobre. Vejo o gabinete onde,

[8]Paço da cidade.

quando trovejava, João VI se refugiava, embrulhava-se então em uma cortina de seda e ficava encolhido na sua cadeira; um padre ficava ao seu lado e dava-lhe a bênção. Recebi os ministros da Áustria e da Inglaterra,[9] depois fui fazer uma visita ao regente[10] que encontrei no Conselho com seus ministros, tudo isso sem nenhum vestígio de boas maneiras com exceção dos que estiveram na Europa. Deixei meu cartão com o ministro das Relações Exteriores, depois embarquei e fui visitar o almirante inglês Hammon e o comodoro americano Nicholson a bordo de suas fragatas; eles receberam-me com perfeição e com muita polidez. A fragata americana tem no mínimo nove pés de altura de bateria e sessenta canhões de 32 dos quais nenhum causa estorvo ao atirar. Depois fui até a Glória na casa dos Rouen onde me esperavam todos esses senhores e alguns cavalos. Fizemos um passeio delicioso a cavalo ao redor da baía de Botafogo, através de lindos jardins e diante de janelas enfeitadas por pessoas muito bonitas. Esta vegetação é realmente deslumbrante, tudo, desde o menor

---

[9]Barão von Daiser Sylbach, encarregado de negócios de Sua Majestade Imperial Real e Apostólica, o imperador da Áustria e rei da Hungria junto à nossa corte, desde 1830, e sir Hamilton, Charles Jacques Hamilton. Enviado Extraordinário de Sua Majestade Britânica no Brasil, desde 1836.

[10]Pedro de Araújo Lima, nascido em Pernambuco a 22 de dezembro de 1793 e falecido no Rio de Janeiro a 7 de junho de 1870. Ocupava a pasta do Império no último ministério do regente Feijó e, em tal qualidade, com a renúncia deste, em setembro de 1837, assumiu interinamente a Regência, na forma do art. 30 do Ato Adicional. Em abril de 1838 seria eleito para esse cargo. Foi senador do Império, conselheiro de Estado e marquês de Olinda, por decreto de 2 de dezembro de 1854.

arbusto de silvados até os arbustos altos dos coqueiros e dos bosques, tudo tem dignidade, um chique perfeito. Pressionado pelo tempo, voltei a galope vivo pelas ruas da cidade; vesti-me apressadamente e parti para São Cristóvão. Ali fui recebido com o mesmo cerimonial, e o pequeno imperador veio ao meu encontro. Ele me levou para ver a vista que se tem do palácio, que é admirável. O gelo começou a ser quebrado entre nós, ele também me levou para ver um belo gabinete de mineralogia onde aproveitei das lições desse pobre Réaunu para dar-me ares de conhecedor. Lá as pequenas princesas vieram juntar-se a nós e passamos à mesa. Eu estava entre o imperador e o ministro das Relações Exteriores, que é de longe o melhor do que se tem aqui, pois estudou Medicina em Paris. O jantar correu bem e estava bem gostoso, tinha uma música composta por negros escravos do imperador. Não se faz idéia do que é; o ministro, meu vizinho, achava que a música tinha qualquer coisa de oriental, devia ser a dissonância. O imperador bebeu à saúde do rei e deu-me uma manga que achei detestável; em compensação devorei uma maçã, essa fruta bem-amada do nosso país, isso me lembrou — a França. Depois do jantar sentamo-nos e comecei com o imperador, suas irmãs e a rebarbativa uma conversa de duas horas onde logo me senti à vontade e o imperador também, mas não suas irmãs. O imperador tem uma testa muito alta e proeminente, olhos fundos, suas bochechas são gordas em baixo e vêm se juntar ao seu maxilar inferior que se salienta sobre o outro; estava à paisana e usava seu cordão do Cruzeiro do Sul e um enorme diamante como botão na camisa. As princesas são miúdas e bastante delicadas; elas estavam bem vestidas com roupas esvoaçantes, de mangas frouxas, mas vi que suas luvas eram de crochê, um terror; usavam o que acredito ser as jóias da rainha. Elas são espantosamente mal conformadas para sua idade. Dona Januária é bem mais tímida do que dona Francisca, ela é mais gorda e fica normalmente um pouco curvada. Dona Francisca é aprumada, seca e extraordinariamente sagaz, sua irmã sempre a coloca na dianteira e ela informou que vai me dar um papagaio que fala. O imperador deu-me um pequeno colibri que havia apanhado de manhã. A conversa tendo se encaminhado sobre os selvagens que eu poderia encontrar no interior, um dos ministros disse-me que o regente dera instruções para que eles fossem trazidos para a estrada e que, se fosse de minha conveniência, eu poderia escolher um macho e uma fêmea para levá-los para França. Pode-se imaginar tal coisa? Logo me retirei cheio de piedade por essas pobres crianças abandonadas a quem damos apenas aquilo que é preciso para viver e que são incessantemente perseguidas por uma nuvem de gente sem moral que deixa o país que lhes foi confiado dividir-se e cair em uma rápida decadência. Voltei para bordo.

6 — Hoje de manhã desembarco e vou a Glória, aí encontro os cavalos e dirigimo-nos ao Jardim Botânico, pois parece que os caminhos estão totalmente intransitáveis para ir ao Corcovado. A estrada é a mesma que a de Botafogo só que a partir deste último ponto começa-se a

entrar em desfiladeiros de montanhas cobertas de florestas. Ao pé vemos pequenos jardins encantadores que a estrada atravessa. Encontramos negros carregando grandes sacos de abacaxis e alguns carros puxados por dois ou quatro cavalos, com cocheiros negros, usando chapéus pontudos e impermeáveis e botas de cano alto. O Jardim Botânico é belo e bem-conservado, coisa tão rara neste país. Vejo um imenso Saracanda (*sic*) (Palissandro) alto como um grande carvalho, árvores de canela, de cravo-da-índia, chá, admiráveis ramos de bambus que eu corto para fazer bengalas. Tem poucas flores, mas atrás do jardim há montanhas cobertas de madeiras maravilhosas. Depois de um breve descanso resolvemos de comum acordo o que se faria para o resto do dia e decidimos fazer a volta da Gabia (Gávea), grande montanha no sul do Rio e que voltaríamos pelas cascatas da Tijuca às 21h30 do Rio. Serão necessárias seis léguas e sete horas para o percurso indo depressa, sempre que o caminho permitir. Dizer o que eu vi neste passeio é impossível; cavalgamos diversas horas dentro de florestas impenetráveis, admiráveis, onde a palmeira e a bananeira se misturavam a enormes cafezais, laranjeiras de todas as espécies, ligadas por enormes cipós. No meio disso tudo se ouvia o barulho surdo do mar que estava a cinqüenta passos, mas que não víamos. A floresta vai até o mar sem interrupção. Algumas vezes passávamos quase ao lado de um penhasco com vegetação até embaixo; as palmeiras e as bananeiras pareciam sair da água e acima de nós a imensa Gávea totalmente a prumo e mostrando nas suas cavernas inacessíveis magníficos buquês de árvores. Era deslumbrante... Pouco depois chegamos à beira de um pequeno lago de água salgada onde dizem que há muitos jacarés, aí tivemos de entrar em pequenas pirogas feitas de um tronco de árvore cavado. Nossos cavalos atravessaram a nado. A navegação dentro dessas canoas é agradável, mas não podemos mexer-nos porque viram com facilidade. Na saída tivemos de passar por um bosque marinho, pois havia uma infinidade de árvores que crescem dentro d'água. Tendo chegado do outro lado andamos durante algum tempo em um pântano (claro que a pé), dirigindo-nos para a maravilhosa cascata da Tijuca. Já eram dezesseis ou dezessete horas e nós não comíamos desde de manhã, ainda tínhamos de andar o dia todo e além do mais estávamos encharcados de maneira que desejávamos tomar alguma coisa. Entramos então em um venta (*sic*) ou albergue; uma mulata muito bem-feita vendia cigarros a um belo jovem cujo cavalo estava na porta. Nossa chegada não pareceu agradar-lhes nem um pouco. A jovem pessoa dignou-se apenas a servir-nos ovos e algumas bananas; fizemos então uma busca e encontramos uma espécie de cozinha onde duas monstruosas negras velhas cozinhavam. Começamos a preparar os ovos e inquirindo as negras ficamos sabendo que a causa da nossa má recepção era porque tínhamos atrapalhado um encontro aproveitando a ausência dos pais. Conseguimos um pedaço de toucinho e fizemos um jantar muito alegre e até muito gostoso; a alegria era tão comunicativa que conquistou as negras que sacudiam seus andrajos sobre as nossas omeletes e nós, em troca, derramávamos a panela sobre a cabeça delas. Foi divertido. Mas a dona do lugar tendo acabado de saber quem nós éramos, o Chichisbeu desapareceu e nós ficamos tão educados que acredito que ela nos teria vendido toda a venda. Voltamos a montar a cavalo, às 20h30 estávamos a bordo depois de ter atravessado a famosa rua do Ouvidor.

7 — Esta manhã vou à missa na capela do Palácio e em seguida recebo a visita do imperador que me dá quatro maravilhosos colibris e a quem entrego os livros da rainha. Na realidade não eram muitos e acrescentei dos meus guardados diversos trabalhos e meu álbum de desenhos de onde havia arrancado quatro ou cinco dos que mais gostava. Acho que sei fazer sacrifícios quando se trata da honra da família. Tive ainda mil audiências. Quando voltei a bordo encontrei o barco invadido pelos visitantes, minha cabine, entre outras, estava repleta. Voltei à noite para jantar em terra, onde ainda tive várias audiências, e levando comigo um grupo de oficiais parti para São Cristóvão para fazer minha visita de digestão. As princesas e o imperador tinham pedido para ver alguns desenhos meus. Eu também tinha levado meu livro do Oriente e alguns outros desenhos dos quais pretendia oferecer um à família, mas eles me pilharam, cada um querendo ter o seu e o imperador pegou, sem que me fosse possível recusar-lhe, uma aquarela de que eu gostava muito, que representava um pôr do sol sobre Alanuda de Lorotava no Tenerife, com as pessoas de roupas pretas e mantilhas. Controlei-me bem, mas fiquei cruelmente aborrecido. Para me

consolar, a família avisou que quando eu voltasse de Minas ela me daria seus desenhos (bem obrigado). A pequena Januária tocou muito bem ao piano, uma sonata longa, *muito longa,* que pelo calor atroz que fazia e o embaraço que ela mostrava deve ter-lhe sido muito penoso. Ela me deu o mico mais encantador que se possa imaginar: ele é gordo como um punho, suas formas são de um urso, seu pêlo é preto e seu corpo coberto de um pêlo muito branco parece com o de um homem (*sic*); ele tem os cabelos compridos e um rabo enorme de esquilo. Tomei chá, sorvetes e depois parti.

8 — Esta manhã passeio ao Corcovado, uma imensa montanha onde é muito penoso subir, pois o caminho que se segue através das florestas nada mais é do que o leito de um rio; foi nessa floresta que o sr. de Clarac trouxe à baila o assunto daquela famosa gravura de uma floresta virgem no Brasil. Do alto da montanha a vista é admirável. O Rio, sua baía, seu porto, os campos e o mar circundam-nos. Você está colocado no alto de uma rocha que se lança do meio de florestas impenetráveis. Quando descemos o calor começava a se fazer sentir e voltamos ao palácio onde descanso. De noite fui jantar com o sr. Rouen, sua casa é bonita, limpa, bem-arrumada, a comida é boa, mas ele está em pé de guerra com o almirante e os oficiais do posto. A sra. Rouen é simpática mas também cansativa. Nesta noite compareceu muita gente do corpo diplomático.

9 — Fico em repouso total durante todo o dia, estamos ocupados com os preparativos de nossa ida à Minas.

À noite fui ao jantar de grande gala em São Cristóvão, o pobre Hernoux caiu de cabeça de uma escada, foi preciso sangrá-lo; deram-lhe um quarto no palácio onde ele ficou deitado. Depois do jantar sentamos no salão e começou a chegar gente; estávamos, os três brasileiros e eu, em um sofá no fundo. Cada brasileiro ou brasileira que entrava colocava o joelho no chão e beijava a mão do imperador e de suas irmãs. Alguns, no entanto, dispensavam o joelho. As roupas eram estranhas; algumas senhoras tinham na cabeça aves do paraíso com a cauda levantada; mas tudo tinha na realidade o aspecto de uma reunião de província para a passagem do rei. As pequenas princesas estavam bem vestidas, com roupas de tule, com pregas e forro azuis e jóias de opalas e diamantes; por cima de tudo estava o grande cordão de[11] todo azul. Depois que chegou bastante gente o imperador pegou suas duas irmãs pela mão, sentaram-se ao piano e começaram uma sonata a seis mãos; o imperador mostrava uma espantosa aplicação mas o professor de piano,[12] velho apoplético de uniforme de gala e colar de comendador não sei do quê, tendo virado duas folhas em vez de uma, conseguiu uma cacofonia completa. Foi terrível. Veio em seguida uma segunda sonata pela princesa Januária e depois fomos dançar. O imperador pegou a mais velha, eu a

[11]Há um espaço em branco para o nome da condecoração que foi omitido e que pela cor descrita trata-se do Cruzeiro.

[12]Fortunato Mazzioti, natural da Itália e nomeado para o cargo em 1833.

mais moça, e fomos para o meio da sala; eu pensava que ia vir mais gente, mas deixaram-nos sozinhos e tivemos de dançar, eu tinha uma vontade de rir inextinguível e mal conseguia conter, pois o imperador sem luvas e com um grande lenço esvoaçante na mão fazia uns passos tão extraordinários que realmente era de estourar de rir e eu sofria pelo seu professor de dança que estava presente.[13] Só tinha uma pessoa bonita, uma senhorita Lorotava.

Enquanto eu estava sentado no sofá morrendo de tédio, dançando todas as contradanças com a princesa Francisca, com exceção de uma que a pequena Januária quis por bem me honrar. (O imperador dança sempre com suas irmãs e elas não têm outro cavalheiro a não ser ele ou pessoas de sua idade e do seu sexo.) Enquanto eu estava lá saltitando aos acordes de uma música infernal, o almirante Leblanc veio me apresentar seu filho que acabara de chegar da França na corveta *Camille*, mas ele não sabia me dizer se na embarcação tinha cartas para mim. Um instante depois o sr. Guillevan que comanda essa corveta chegou com as cartas de 14 de novembro; senti uma alegria profunda e aproveitei a ocasião de uma visita que eu ia fazer a esse pobre Hernoux para abrir meu pacote. Tive uma terrível e súbita emoção ao ver à parte uma carta do rei com uma tarja preta, mas fui logo acalmado e vibrei de uma maneira bem agradável. Obrigado mil vezes, obrigado a todos por suas excelentes cartas, por tudo o que

[13]Lourenço Lacombe, francês, nomeado em 1833. Faleceu no Rio de Janeiro a 23 de janeiro de 1867.

vocês me enviaram. Fico feliz de ver que tudo vai bem, quando se está longe se precisa disso para viver tranqüilo. Voltei para o baile e fomos para uma grande ceia. O imperador, suas irmãs e eu somos os únicos à mesa. As outras pessoas rodearam a mesa, mas esperando a saída do imperador para aí se sentar. Lá mais uma vez tive vontade de rir e mais ainda porque as pessoas que estavam na minha frente perceberam e riam às bandeiras despregadas; eu, no entanto, me contive e comi com um sangue frio imperturbável na barba de todos os poderosos do Brasil duas maçãs que valiam muito mais do que todos eles. De lá fui ver Hernoux que estava melhor e repousava. Deixei-o em companhia do sr. Foville e suas cartas e voltei para bordo aonde cheguei a uma hora da madrugada.

10 — Às quatro horas levantei-me e depois de ter feito alguns arranjos desembarquei e num galope rápido cheguei em São Cristóvão; aí encontrei Hernoux bem, embora ainda um pouco dolorido, acho que ele vai poder voltar ao Rio no dia seguinte; recomendei-o ao dr. Foville que o achou muito bem e ao sr. Barboso (*sic*), o mordomo do imperador.[14] Depois, não tendo mais nenhuma preocupação a esse respeito, decidi-me a partir. Antes de voltar a bordo, fui visitar a corveta *Camille* que à noite tinha sido obrigada a fundear na entrada estreita do porto. Nos países estrangei-

[14]Conselheiro Paulo Barbosa da Silva, mordomo, guarda-jóias e porteiro da Imperial Câmara. Nasceu em Sabará a 25 de janeiro de 1794, faleceu no Rio de Janeiro a 28 de janeiro de 1868.

ros empenho-me sempre em visitar nossas embarcações e, como ia partir durante o dia, não quis deixar de fazê-lo.

Voltei a bordo e adverti o almirante contra a indisciplina, e encarreguei-o, na minha ausência, a manter uma mão de ferro para que os capitães sob suas ordens obedeçam e para que não dêem aos estrangeiros um espetáculo dos nossos defeitos. Após o almoço embarquei com o sr. Ney, o capitão Rosamel, o sr. Fabre, um aluno e um médico; nosso pessoal precedia-nos em um escaler onde tinha um piloto. O dia estava quente e dirigimo-nos para a ilha do Governador que havíamos costeado; é muito grande e muito arborizada. Ajudados pela corrente, atravessamos por uma passagem estreita entre essa ilha e a ilha de[15] lugar de passeio dos habitantes do Rio; esse canal é encantador, com bosques e palmeiras altas onde moitas muito cerradas chegam até o mar. Do outro lado o mar estava de uma calma profunda. Os altos cimos da serra dos Órgãos aí se refletiam de uma linda maneira. Pouco depois chegamos à embocadura de um rio grande e profundo, mas que estava quase fechada por causa de uma barreira caída; tivemos de subi-lo de novo durante muito tempo, suas margens são cobertas por admiráveis florestas semeadas de flores que eu poderia comparar ao interior de uma imensa estufa da Europa; muitas vezes as margens estão escondidas por árvores aquáticas. Pirogas e barcos grandes percorriam o rio que nós havíamos seguido até seu entroncamento perto do qual se encontra um lugarejo

[15]Há um espaço em branco para o nome da ilha que foi omitido. Parece tratar-se da ilha de Paquetá.

chamado Porto da Estrela. Lá nossos burros nos esperavam, e foi preciso um tempo imenso para organizar nossa caravana, nossas bagagens são necessariamente consideráveis, em um país onde é preciso levar de tudo. Nosso tropeiro ou guia é um americano Yankee ou dos Estados do norte; ele tem um trabalho enorme, mas é de praxe prender com correias os embrulhos equilibrados de cada lado das mulas, o que acrescentado ao seu mau temperamento faz com que se desembaracem da sua carga com a maior facilidade. Enfim, às dezessete horas, partimos escoltados por seis soldados e um oficial; adotamos o costume do país, o chapéu de palha de guayaquil, as grandes botas de camurça que sobem até a metade das coxas; tanto um como outro são muito úteis; nós percorremos um caminho magnífico através das matas; um aguaceiro caiu sobre nós mas não durou. As matas são admiráveis e cheias de pássaros entre os quais distinguimos vários cardeais com penas escarlate e pretas, ouvimos a voz do ferrador, assim chamado porque ele imita perfeitamente o barulho de uma forja.

Ao anoitecer chegamos a uma garganta profunda na montanha onde se encontra uma fábrica de pólvora perto da qual prepararam-me uma tenda. Aí jantamos com as provisões do país entre as quais figura a farinha de mandioca.[16] Nossas bagagens só chegaram muito mais tarde,

---

[16]O lugar chamara-se mesmo *Mandioca* e tinha sido propriedade do barão de Langsdorff, encarregado de negócios do czar da Rússia junto à corte do Brasil por ocasião da Independência, e fora adquirida pelo governo que aí instalara a fábrica de pólvora.

indo à procura da minha cama fiquei estarrecido com um dos mais belos espetáculos que se possa ver; eu estava sobre uma dessas pontes rudes de madeira que nesse país jogam sobre os rios; diante de mim imensas montanhas arborizadas não me mostravam mais que uma massa escura nos vales, as nuvens iluminadas pela lua desenhavam suas formas fantásticas sobre os primeiros planos onde um regato refletia o céu e perdia-se murmurando por baixo da ponte. Tudo isso tinha um ar de grandiosidade que desde que estou neste país faz parecer bem pequenas as obras do homem. Nossas mulas descarregadas e as bagagens colocadas no *rancho* ou no telheiro destinado para recebê-las, tudo estava arrumado para a boa noite que passei.

11 — Partindo não sem tristeza da fábrica de pólvera (*sic*) subimos por uma imensa costa de onde a vista é magnífica, atrás de nós o Rio de Janeiro, sua baía, mais perto as primeiras paredes gigantescas da serra e finalmente em torno de nós essas imensas florestas onde os maiores acidentes da natureza não parecem nada. Algumas vezes o solo despojado e grandes troncos enegrecidos pelo fogo marcam a passagem do homem e suas tentativas de cultura. Entre as árvores notei o pinheiro-do-brasil e não sei quantas espécies de palmeiras; atravessamos riachos que formam deliciosas cascatas. Realmente quando se vê esta vegetação e que pensamos nos nossos amadores de botânica, não se compreende por que eles não vêm ver este país ao menos uma vez na vida. Matamos vários passarinhos, papagaios, sete cores, colibris, beija-flores etc...

Suas cores brilhantes são verdadeiramente fascinantes. Principalmente as periquitas; uma delas só ficou ferida e agora está empoleirada ao meu lado, é encantadora. Depois de darmos uma pequena parada e de termos seguido caminhos bons para o país coberto por caravanas de minieros (*sic*) que fazem o comércio do interior, chegamos às 13h30 na fazenda dos Corrieros;[17] alojei-me na casa de um cura morto recentemente; na nossa frente uma mangueira enorme, duas ou três casas e o rancho compõem toda a aldeia. Todas as nossas mulas e as das outras caravanas são soltas; amanhã vamos *laçá-las* para podermos partir. Todos os nossos homens ocupam-se em empalhar os pássaros mortos; hoje vamos ter um bom jantar; estou encantado.

12 — Ontem houve uma tremenda discussão entre o tropeiro e nós a respeito de comida; ele achava que devíamos alimentá-lo etc. etc. Depois do jantar conversamos e fomos dormir. Não dormi muito bem, tive dor de dente. Hoje de manhã o sr. Ney estava um pouco doente e às 7h30 partimos; foi impossível sair mais cedo por causa da dificuldade de pegar as mulas. O caminho que seguimos para ir a Secretário, onde devemos dormir, é sempre através de matas, mas em alguns lugares elas são menos elevadas do que estas aqui. Ficamos durante muito tempo ladeando um

---

[17]Fazenda dos Correias, que havia pertencido ao célebre padre Antônio Tomás de Aquino Correia, falecido em 1824.
É interessante notar que não há a menor referência ao Córrego Seco...

rio que corre em um vale profundo; seguidamente a espessura das matas esconde-nos a vista, mas ouvimos o barulho que fazem as quedas d'água; algumas vezes elas oferecem um espetáculo bem bonito. Cada vez mais eu admiro o bambu, é uma árvore realmente encantadora, mato mais uma periquita, um pássaro chamado *Suruca* e pego muitas borboletas lindas. Caem vários pingos de chuva, mas não duram. Ontem vimos uma cobra bastante grande que estava morta na estrada; viram também (eu não vi) um macaco grande; hoje de manhã trouxeram-nos um animal com as dimensões de um porco enorme com um pelo cinzento, patas muito curtas e uma cabeça cabeluda mais ou menos no feitio da de um tubarão. Tinha dentes grandes, pegaram-no no rio que estava ao nosso lado. Depois de termos dado uma parada na estrada, chegamos aqui em Secretária (*sic*) onde tem uma fazenda bastante confortável. Estes senhores foram à caça de pássaros e insetos. A situação não é ruim, no fundo de um vale onde corre um pequeno riacho, todas as montanhas são arborizadas ou cobertas de campos de milho, de bananeiras etc.

13 — Ontem eu percebi que os porcos que abundam neste país se alimentam de excrementos dos outros animais e até mesmo do homem e eles procuram esse alimento com tal ardor que vieram perturbar-me durante a execução das leis da natureza; fui obrigado a pegar um pedaço de pau bem grande para afugentá-los. À noite, depois do jantar, ficamos conversando demoradamente enquanto as massas de colinas arborizadas que nos cercavam não

pareciam mais do que gigantescas sombras. Tem um grande encanto durante as noites de uma longa viagem recordar todas essas lembranças de felicidade que deixamos em casa. O sino de uma pequena capela que tocava o ângelus veio interromper-nos; nós mesmos ao deitarmos cantamos em coro o toque de recolher dos Huguenotes, com o sino. Esta manhã partimos para Goirrus,[18] nosso caminho continua sempre através das matas, algumas partes ainda são mais grandiosas do que aquelas que percorremos até então. Há pedaços em que a estrada é uma vereda estreita, geralmente o leito de um rio em uma ravina; árvores caídas obstruem o caminho. Nossa coleção de pássaros e borboletas ainda aumentou mais, também vimos um macaco, é maravilhoso; por todo lado flores lindas de todas as cores, mas faz muito calor. Depois de seis horas de marcha chegamos aqui (Governo) onde devemos passar a noite. É um conjunto de casas, um pequeno engenho; somos alojados em uma casa muito limpa, mas onde não fomos muito bem recebidos, não tem nada para comer, temos de ir procurar em outro lugar.

14 — Ontem à noite fomos passear e ver as choupanas dependentes da habitação onde devíamos passar a noite. Depois fomos dormir. Hoje de manhã cedo montamos em nossas mulas e partimos de novo. Nossa estrada é sempre a mesma, no entanto a vegetação é um pouco menos rica, já estamos habituados a isso. O calor é bem mais forte, o que

[18]Deve ser *Governo*, fazenda que alcançaria a seguir.

não impede que os matadores de animais curiosos continuem suas caçadas. Passamos o Paraíba, grande rio do interior, em uma barca, seu curso é direito e semeado de pequenas ilhas; vemo-lo estender-se a perder de vista com as margens cobertas por uma bela vegetação. Lá existem serpentes, pois outro dia no Rio trouxeram uma pele de uma delas com trinta pés de comprimento. O calor força-nos a parar sob um galpão onde escrevo meu diário.

Payol — Embora o tempo estivesse encoberto e um pouco ameaçador, tornamos a partir, mas assim que acabamos de entrar na mata desabou um violento temporal. A chuva caía em torrentes; a trovoada roncava majestosamente nas montanhas onde causava violenta explosão ao nosso lado; o caminho estava arruinado, árvores derrubadas ficavam atravessadas; um pedaço de terra afundou, nem um passarinho aparecia, éramos os únicos habitantes daquelas vastas soledades. Finalmente a chuva acalmou; bandos de papagaios grandes começaram a mostrar-se e logo chegamos à fazenda do Payol onde fizemos secar nossas roupas e onde vamos passar a noite. Não tinha nada para comer, mas um bom chute em uma das portas fez-nos encontrar provisões. A chuva parece querer se fixar.

15 — Hoje de manhã ainda chovia, apesar disso partimos e atravessando montanhas altas, metade escondida dentro das nuvens, chegamos às margens do Paraibuna, outro grande rio e um dos afluentes do Paraíba. Há uma

ponte cujos arcos são de pedra, ela é coberta por um teto de telhas e sua balaustrada é de madeira entalhada; o rio que é muito caudaloso se enfia pelas montanhas a pique aos pés das quais se encontram bosques. Lá encontramos um soldado que vem de Ouro Preto e que vai para o Rio; entregamos algumas cartas para levar. Continuamos com alternativas de chuva e de bom tempo; continuamos penetrando sempre nesses vastos e pitorescos lugares ermos, aí estamos absolutamente sozinhos; vôos de papagaios verdes de rabo comprido são vistos de todos os lados; mato um. Há também um magnífico *tucano*, um pássaro grande de bico comprido e cores magníficas cujas penas servem para fazer enfeite em roupas. Os caminhos destruídos pelas chuvas são atrozes; mas seria preciso mais do que isso para fazer-nos parar. Nossos guias fazem-nos percorrer um caminho imenso, eles se enganam de direção, é preciso recuar alguns trechos. Tudo aqui tem um cunho de profunda tristeza, sempre matas a perder de vista e tão arborizadas que o olho aí não consegue penetrar. Enfim, acabamos por chegar em uma casa às margens do Paraibuna; fomos recomendados a seu proprietário que recebeu-nos muito bem; ele tem um engenho e daqui vejo os campos de café. Acabo de encontrar uns tambores sobre os quais executo nossas baterias da França. Na França, nesta hora, ninguém pensa em nós, estão absorvidos pelo inverno de Paris e, no entanto, que diferença; aqui a vida, por assim dizer, selvagem que levamos, em presença das grandes obras da natureza, eleva a alma. Podemos exprimir livremente nosso pensamento, e em Paris que diferença!

Ah, se pudéssemos trazer conosco todos aqueles que amamos, viver só com eles, gozar com eles de tudo aquilo que vemos, que felicidade! Eu não conheço nada maior.

16 — Partimos hoje de manhã de Soledad (*sic*), durante algum tempo seguimos as margens do Paraibuna. Aí matei um desses magníficos tucanos que ontem causavam a minha admiração. Depois seguimos dentro da mata uma estrada pitoresca, porém desagradável por causa do mal estado dos caminhos, chegamos a uma pequena morada chamada Madeo (*sic*), nós todos repousamos aí em um rancho onde negros trouxeram bebidas; todos os dois são negros africanos da costa de Angola, mas um acostumado ao país cuja língua está aprendendo não deseja voltar para sua terra natal, quanto ao outro só depois de dois meses o recapturaram, estava escondido nas montanhas onde viveu um ano como selvagem; ele tem no pescoço uma argola de ferro fechada por um cadeado ao qual está presa uma corrente que dá várias voltas pelo seu corpo. Que desumanidade! Continuamos o nosso caminho e enganados por falsas indicações logo ficamos completamente perdidos, o que aqui não é uma brincadeira. Ficamos vagando um pouco ao acaso, mas finalmente encontramos o caminho e chegamos aqui na fazenda de Totès (*sic?*) suportavelmente cansados e esfomeados. Mal tínhamos chegado a esta habitação que situada no fundo de um lindo vale está rodeada de vastos campos de café, de milho etc... Uma tempestade horrível desabou, chove torrencialmente; as trovoadas ribombam sem parar, um raio até caiu perto da casa.

Há muitos escravos e suas choupanas rodeiam a casa, acho que não passaremos uma noite muito boa aqui.

17 — Ontem à noite fui passear pela cozinha que apresentava um quadro curioso. Imaginem uma grande sala toda escurecida pela fumaça e onde o dia penetra apenas em um canto de vastas fornalhas onde se faz a cozinha, mais adiante um tear onde produzem um pano grosseiro, e todo o solo juncado de negras escravas vestidas de qualquer maneira, de cócoras e trabalhando. Junto a isso crianças que se agitam por todo os lados; cenas de toda espécie, era muito engraçado. Tivemos um jantar ruim, depois fomos dormir, devorados por horríveis insetos. Mal cheguei na cama a chuva recomeçou mais forte ainda, mas a simples coberta de algodão que nos protegia resistiu, o que foi muito agradável. Hoje de manhã continuamos por caminhos horrorosos, o tempo está encoberto, mas o calor não é menos atroz. As caravanas de Miméros[19] que encontramos estão cada vez mais chiques à medida que avançamos. Algumas vezes elas são conduzidas por negros armados de longos fuzis fechados em estojos de pele de animais selvagens, outras vezes são tropeiros a cavalo, vestidos de puncho (*sic*) e com o grande chapéu guayaquil. Fazemos uma parada em uma fazenda onde nos divertimos muito com os movimentos de um belo macaco do país. Finalmente chegamos aqui em Entre-Morros onde encontramos meios de acomodarmo-nos passavelmente.

---

[19]A corruptela da palavra deve ser levada à conta do copista.

O oficial que nos acompanha é uma praga, ele é de uma grosseria, tem uns modos intoleráveis e, além do mais, serve-se de todas as nossas coisas como se fossem suas e para nós não é de nenhuma serventia.

19 — Ontem não escrevi meu diário porque estava meio adoentado. De manhã livramo-nos do oficial a quem dei um presente, dos seus soldados e de uma boa parte da nossa bagagem para aliviar-nos. Fomos até um pequeno lugar chamado Queiros (*sic*); para repousar entramos na casa de um homem muito doente sem nenhuma esperança de cura segundo o que nos disse o médico. Lá ficamos sabendo que há alguns dias descobriram em alguns lugares nas montanhas chamadas *os malos biancos* (*sic*), uma mina de diamantes e uma de ouro e que o governo tendo sido avisado mandou guardas para lá. Continuamos, o tempo estava com má aparência, nossa pequena tropa marchava como sempre, a visão de um macaco veio nos distrair. Enfim chegamos a uma habitação onde pedimos hospitalidade que foi-nos recusada;[20] continuamos até uma pequena capela perto da qual havia um rancho, uma venda e algumas casas; fomos pedir no presbitério para passar a noite lá, mas o padre vem dizer que não pode dispor a não ser de dois quartos neste momento alugados a uns amigos.[21] Assim

---

[20]George Gardner (*Viagem no Brasil,* Brasiliana, vol. 223), que fez este mesmo trajeto, refere-se também, embora imprecisamente quanto ao local, à sua chegada à fazenda de certo Domingos José de Barros, português endinheirado, que lhe nega hospitalidade.

[21]Na margem deste trecho está, com letra de Joinville: "Chapeu d'Uvas".

rechaçados, acabamos por chegar a uma cabana miserável meio em ruínas onde nos instalamos em companhia de galinhas, porcos e cães. Eu que estou doente com dor de cabeça que atribuo a um patê que comi hoje de manhã e ao ardor do sol, deito-me cedo. De manhã tomei um banho de pés, estou melhor, armado com um enorme guarda-chuva branco no lugar do fuzil e depois de ter tomado um magro café da manhã, pois durante a noite os gatos comeram todas as nossas carnes frias, partimos. Sempre a mesma solidão, matas a perder de vista; de resto nada de novo, progredimos bem mais rapidamente e ao meio-dia já atingimos nosso alojamento em Lorenzo (*sic*). Amanhã, se forçarmos a marcha, podemos chegar na cidade de Barbacena e aliviar-nos do nosso cansaço. Durante essas longas marchas através deste país virgem, essas solidões poéticas, a gente fica entregue a si mesmo; todos os pensamentos levam-me para a França. Este país adorado, para minha família, todos os que eu amo, a felicidade que sentirei ao voltar. Não quero pensar nisso senão serei capaz de voltar em seguida para o Rio e do Rio para a França.

21 — Saímos de Lorenzo de manhã cedo, marchamos bem até as treze horas, o país muda de aspecto; as matas se dividem para dar lugar a vastas planícies; no vale começamos a sentir uma forte brisa como aquela que se sente ao se aproximar a beira do mar. Descansamos durante duas horas, das treze às quinze, em uma pequena localidade onde a dona da casa enviou-nos refrescos, ofereceu-nos jantar e até mesmo dormida, coisa rara neste país. Depois de nossa

parada chegamos ao cimo de uma montanha de onde desfrutamos uma bela vista. Uma imensa extensão do país chamada *Campos Geraes* com o aspecto da nossa Picardia menos a cultura e as casas e na distância os altos campanários da cidade de Barbacena. Marchamos alegremente por várias horas; quanto mais nos aproximávamos da cidade mais o país se civiliza; não se vê em mais caminhos trilhados, o número de fazendas e de ranchos aumenta. Finalmente, vindo em nossa direção vimos um homem baixinho e falante, extraordinariamente desdentado; é o nosso anfitrião que prevenido pelo sr. Ney, que nos precedia de algumas horas, surge à nossa frente. Entramos na cidade de Barbacena situada cerca de 40 a 45 léguas do Rio. Com exceção de duas igrejas que já estão quase em ruínas e de duas casas bastante limpas, tem a mesma aparência do aterro d'Eu. Em todas as janelas, mulatas cobertas de colares de ouro, decotadas como vocês bem podem imaginar e, segundo eu, feias de dar medo, mas nem todos pensam assim. Parece mesmo que os costumes aqui são particularmente abrandados. Atravessamos toda a cidade, nosso anfitrião extremamente vaidoso faz-nos admirar todas as suas casas, finalmente chegamos naquela onde ele nos aloja, fica a duzentos passos da cidade em um pequeno vale coberto por uma vegetação mirrada como no nosso país; vejo jardins fechados por muros e se não fosse por uma fila de palmeiras que fica diante da minha janela, eu acreditar-me-ia na França. O ar é fresco e delicioso, nossa saúde também está excelente. Nosso anfitrião oferece-nos um bom jantar onde como talo de palmito com ovos, é excelente, lembra os cardos. Depois de uma ótima noite, levanto-me e vou dar uma volta; pela cidade nada de curioso a não ser a miséria geral, a feiúra das mulheres, e às 11h30 vou à missa; toda a população *elegante de Barbacena* está presente, uma igreja em ruínas, mulatas sujas como as há em toda parte, entre as quais uma é uma antiga amante de dom Pedro: país miserável e povo feio! Organizo minha ida às minas de Gongo-Soco de maneira a partir o mais rápido possível.

22 — Ontem à noite fomos mais uma vez passear pela cidade; tinha notado umas jóias bonitas de ouro do país, fabricadas aqui mesmo. De resto nada mais de curioso e se não houvesse uma necessidade absoluta de fazer nossas mulas descansarem, há muito tempo que eu teria partido. Hoje de manhã fui caçar, fiz cair de uma árvore um enorme pássaro preto, mas não pude pegá-lo; é muito difícil poder dar alguns passos que sejam nessas matas! É realmente um país bem melancólico e a ausência do Hernoux me é muito penosa, pois a convivência com esses oficiais cansa-me no mais alto grau; na França não se acreditaria nisso, mas suponha que você passe seis meses sem outra companhia a não ser a de alferes, você morreria de tédio. Se pareço dar mais atenção ao sr. Ney do que a eles, é o bastante para deixá-los furiosos. Enfim, amanhã de manhã vamos partir, acabar em galope vivo a nossa viagem às minas, dar o nosso baile no Rio e levantar âncora. Tenho consciência de que esse tempo aqui é um tempo perdido e isso me é insuportável. Nossas trinta

mulas ou cavalos, porque não podíamos ter menos do que isso, estão passeando em volta da casa, amanhã será preciso que eles botem sebo nas canelas. A moleza e a inércia dos habitantes deste país é típica e eles castigam seus escravos por nada, vimos nas casas o chicote fatal que com as duas mãos serve para castigar esses infelizes.

23 — Esta manhã queríamos partir cedo, mas nossas mulas tinham-se metido pela mata e só foi às oito horas, que pudemos partir; nosso anfitrião, que hospedou-nos de maneira agradável durante a nossa estada, veio me beijar a mão e fazer despedidas sentimentais. Enviamos para o Rio toda a nossa bagagem para poder andar mais rápido, será menos cômodo, mas com isso ganharemos de oito a dez dias. Continuamos nosso caminho através dos campos, ora faz um sol ardente, ora cai uma chuva de temporal. Ririam ao me ver com as minhas grandes botas de camurça, meu grande guayaquil e por cima de tudo um imenso guarda-chuva branco, mas tudo isso é muito útil. Depois de três horas e meia de marcha chegamos a Resaquina[22] onde fizemos nossas mulas descansarem em um rancho; ao mesmo tempo chegou uma grande *Tropa* ou caravana cuja primeira mula seguindo o costume usava na cabeça uma grande pluma vermelha e o pescoço cheio de guizos pequenos. Descansamos em uma pequena casa onde deram-nos *doces* e queijos. Um dos nossos senhores tendo

---

[22]Aliás, Ressaquinha.

descido da sua montaria, sua mula escapuliu e depois de mil trabalhos conseguiram laçá-la.

24 — Ontem, depois de termos descansado duas horas em Resaquina continuamos nossa marcha através de um país montanhoso cortado por belas matas e povoado por pássaros muito curiosos. Lá pelas dezessete ou dezoito horas chegamos em Carandahí onde com algumas cabanas encontra-se uma habitação bastante limpa, onde passaremos a noite. Ali fomos bem recebidos e tivemos um bom jantar, depois fomos dormir. Tinha uma tropa imensa que dormia ao relento e que era realmente um espetáculo original. Hoje vamos sair através de um espesso nevoeiro que se dissipa pouco a pouco e nos deixa ver paisagens magníficas estendendo-se a perder de vista e mais perto de nós belas matas com árvores cobertas de lindas flores. Encontramos muito pouca gente, este país é uma espécie de deserto e se eu não tivesse esse incessante desejo de voltar para a França e de rever todos vocês, gostaria desta vida nas matas, gostaria de mergulhar sozinho nesse vasto país. Mas agora quando caminho lentamente na frente da caravana não tenho outros pensamentos durante estas longas caminhadas a não ser o desejo do retorno e o dissabor por tudo que me rodeia; no entanto levarei esta missão até o fim; vocês na França agradecerão por isso. Se não encontrar índios no nosso caminho na volta, tentarei procurá-los nas aldeias às margens do rio Doce. Depois de quatro horas de viagem paramos aqui para deixar passar o calor, às quatorze horas partiremos novamente

em direção à cidade (na França seria um lugarejo) de Quélus (*sic*) onde temos uma carta de recomendação e por conseqüência a esperança de um bom lugar para dormir.

25 — Ontem, por volta das quatorze horas, tornamos a sair e, mais ou menos a uma légua da cidade, deparamo-nos com um oficial de milícias brasileiras e um negociante francês que vinham ao nosso encontro. O primeiro é enviado pelo presidente da província de Minas[23] e vem de Ouro Preto, a capital; o segundo veio por conta própria; mas como conhece o país, os macacos, a língua, vai nos ser muito útil. Estes senhores levam-nos a Queluz, bonito vilarejo situado no topo de uma montanha arborizada, e por todos os lados existem vales onde correm pequenos riachos; as casas esparsas do vilarejo são todas circundadas por espessas florestas de bananeiras cuja folhagem é muito elegante.

Toda a população quase inteiramente negra ou mulata está às janelas; conduzem-nos a uma grande casa desabitada onde nos foi preparada uma pousada muito boa, mas o que é melhor é que puderam fazer pão cuja falta é a maior privação de um europeu neste país. Estou muito cansado, mas mesmo assim passei uma noite muito ruim. Fomos informados que nos esperam em Ouro Preto e que seremos recebidos com toda a pompa, as tropas apresentando armas e o Palácio do Governo preparado para mim.

---

[23]José Cesário de Miranda Ribeiro, visconde com grandeza de Uberaba, por decreto de 2 de dezembro de 1854. Natural de Minas, nascido em Ouro Preto em 1792 e falecido no Rio a 7 de maio de 1856. Foi presidente de Minas Gerais de 13 de novembro de 1837 a 21 de março de 1838.

Queriam também oferecer um baile, mas o Francês, nosso cicerone, dissuadiu-os sob o pretexto que não conhecíamos as danças do país; o que me fez ficar muito grato. Depois de amanhã vamos estar lá e então veremos; somos também esperados em Congosaco,[24] cidade inglesa que dizem ser encantadora, pois são os ingleses que exploram as minas. Tiram 35 mil francos de ouro por dia, pagam 15% ao governo, gastam quatro mil francos de transporte, o que lhes deixa o enorme lucro líquido de 26 mil francos por dia. Partimos esta manhã bem tarde com nossos novos companheiros que são muito sociáveis, o oficial fala francês muito bem. Andamos quatro horas debaixo de um calor terrível ora nas matas, ora nos campos. Nossas mulas devem ter encontrado nesta noite bons pastos, pois estão com uma energia espantosa. Encontramos mais habitações hoje, e acabamos chegando aqui a Oro-Brancho (*sic*) onde será a parada do dia. Tem uvas muito boas, grande variedade neste país e muito agradável sob todos os aspectos durante uma longa jornada. Dizem que aqui tem uma pessoa muito bonita *pero e visto nada.*

26 — Ontem por volta das dezoito horas chegamos a Capoo d'Hollan[25] onde nos aguardava uma boa pousada e um ótimo jantar, servido por um negro de formas protu-

---

[24]Aliás, Gongo-Soco, como já foi escrito.

[25]É o povoado de *Capão*. Não sabemos a que atribuir o estranho adjetivo aposto pelo príncipe...

berantes, vestido de branco da cabeça aos pés, jaqueta, colete a Schall muito aberto e preso por um botão embaixo, extraordinariamente ágil e de movimentos soltos, um verdadeiro personagem. Passei uma noite muito boa embora tenha dores de um lado no peito e fortes acessos de tosse, ignoro o que possa ser. Esta manhã, cedo, partimos e sob um sol ardente dirigimo-nos para a cidade de Ouro Preto. No caminho que não tinha nada de notável paramos na casa de um velho comerciante de topázios, mas não tinha nada bonito e, além do mais, o topázio é tão menosprezado.

A três quartos de léguas de Ouro Preto encontrei um pelotão da milícia a cavalo com as horríveis cornetas brasileiras que começaram a escoltar-nos. A uma certa distância o presidente, o capitão geral, um número imenso de oficiais, todos os franceses do país enfeitados com rosetas e fitas etc. etc. vêm ao meu encontro, tinha uma multidão imensa todos a cavalo. Como não falo português, pelo menos o português da sociedade, tudo é limitado a saudações, uns cumprimentos pelos intérpretes e algumas desculpas pelos nossos trajes de viagem. As roupas de todo mundo, com exceção das autoridades civis eram incríveis. Logo em seguida vimos a cidade de Ouro Preto situada metade em uma parte baixa, e a outra metade sobre pequenas colinas escarpadas; pelo menos essa tem o aspecto de uma de nossas menores cidades da província: vi casas com três andares. As casas são esbranquiçadas, cobertas por telhas e algumas delas com sacadas. Quando entramos soltaram foguetes: atravessamos com toda a pompa todas as ruas da cidade com tudo o que tínhamos direito (até um garoto correndo): todas as janelas estavam enfeitadas com tapeçarias; as dos franceses tinham bandeiras tricolores: havia muita gente, todas as senhoras nas janelas e com vestidos de gala (e eu bem que reparei). Percorremos toda a cidade saudando todos os lados; era realmente engraçado por causa da diferença de cores de toda esta gente. Enfim, chegamos a um lugar onde havia uma quantidade de senhoras daquelas que não tinham a honra do chapéu europeu, usando chapéus amassados de homem, azuis, verdes, brancos etc. Chegamos a uma grande casa que qualifico de palácio[26] onde havia um posto de milícias e uma música infame tocando a Marselhesa. Desci de casaco e botas de cano alto, tive uma espécie de recepção, depois me retirei muito contente desse dia pensando que agora que cumpri minha missão nas quatro partes do mundo bem que poderiam até dar-me um diploma de doutor licenciado em missões. Comi excelentes compotas depois discutimos nossos futuros projetos; estou atormentado com a vontade de voltar: a saudade do país acomete-me freqüente e fortemente. Mas tenho como ponto de honra fazer esta campanha e fazê-la completa e pensei que, já que vim de tão longe, era preciso utilizar isso para alguma coisa de diferente. Dentro de três dias, o mais tardar, estaremos nas minas de Congosaco; mas aí vou fazer

[26]É o prédio onde hoje se acha instalada a Escola Nacional de Minas (Escola de Minas de Ouro Preto).

força para ir até os índios de rio Doce, quinze dias serão mais do que suficientes e farei isso se não encontrar o obstáculo das doenças.

Se houver perigo não vou me expor. Antes de tudo quero salvar minha pele. Vou me vestir para o jantar.

28 — Ontem não escrevi no diário. No dia 26 fiquei todo o dia repousando, estudando o mapa. De noite tivemos um jantar à portuguesa, para o qual não se fazem convites, vem quem quer. A mesa estava coberta de pratos que os convivas oferecem, servem e tiram eles mesmos; tudo temperado de queimar a boca. A sobremesa foi servida em uma mesa em uma outra sala. Durante o jantar uma música horrível tocava canções francesas e brasileiras. Depois do jantar fui ver do terraço as vistas diferentes que descortinam do palácio, depois fui dormir. No dia seguinte queria partir às oito horas. Mas graças à lentidão brasileira e a um café da manhã infernal, eram 11h30 quando conseguimos pôr o pé na estrada, e sofremos muito com o calor. O presidente, que no início anunciara que só me acompanharia por um pequeno trecho do caminho, resolveu ir até Mariana, e por isso não ousei usar meu guarda-chuva, o que me enfureceu. De Ouro Preto até Mariana a estrada é bastante boa e durante algum tempo ela segue em fila uma cadeia de montanhas, e então começamos a ver algumas minas de ouro sem, no entanto, parar. Mariana é uma pequena cidade, morada de um bispo, e desde a entrada notei a força do lugar. Nada de diferente a

não ser que separamo-nos do cortejo podendo assim abrigar-nos do sol. A um quarto de légua paramos para descansar. Estamos acompanhados por um senhor de Hanôver, engenheiro em chefe da província. Às quatorze horas remontamos no cavalo, tinham-nos dito que seriam três horas de cavalgada, mas às 18h30 ainda não tínhamos chegado; era extremamente fatigante, tínhamos de montar e desmontar, passar por milhares de vaus. Em um lugar encontramos um negro velho que fazia a lavagem de ouro. Enfim, às 19h15 chegamos a uma bela e boa fazenda onde uma associação de franceses, ingleses etc. explora uma mina de ouro. Ali fomos muito bem atendidos, falavam em nossa língua, encontramos pão, clarete, rosbife com *demach-potatou* (*sic*)* e depois uma excelente cama: foi divino. Esta manhã, bem cedo, fomos visitar uma mina. Atravessamos uma plantação de belos cafezais, abandonados depois que o ouro apareceu por ali. É igual a todas as outras minas, uma galeria que segue o filão e que se abre com pólvora, os pedaços são recolhidos e passados na máquina de pulverizar. O pó que resulta dessa operação é jogado nas correntes artificiais de água que correm sobre couros.

O ouro sendo a substância mais pesada fica depositado no grão do couro, onde depois é recolhido e é em pó que é entregue ao comércio. Desci na mina que é profunda e que neste momento está invadida pelas águas. Uns

*Ele quer dizer: *mashed potatoes*, ou seja, purê de batata. (*N. da T.*)

negros acionam bombas, pois as máquinas a vapor não podem chegar aqui, por falta de meios de transporte. A esse respeito tive com esses senhores uma longa conversa sobre o tratamento que ainda é tão usado hoje quanto era antigamente: a maneira como governam os escravos; sobre os castigos todos corporais, para não perder o trabalho de um desses infelizes colocando-os na prisão; voltarei a este assunto. Depois dessa excursão almoçamos e partimos para Brumado. O tempo está nublado, o que é bem agradável neste país; passamos perto de minas abandonadas que antes faziam a riqueza do país. Deixando à esquerda uma grande montanha chamada Cavasa[27] sobre a qual está situado um colégio, chegamos à vila de Catas Altas onde descansamos.

29 — Saindo ontem de Catas Altas andamos tranqüilamente e sem novidades até Brumado onde íamos dormir. Vimos uma borboleta de um tamanho prodigioso, atiramos, mas não conseguimos matá-la. Em Brumado descemos no presbitério onde um vigário jovial que foi prisioneiro do marechal Soult em Portugal fez-nos uma excelente recepção. Encontrei em sua casa um realejo do mesmo fabricante daquele que encontramos em Constantina (Dumont à Mirecourt 36). Esta descoberta me encantou. Jantamos muito bem e além disso foi muito alegre. Dormi muitíssimo bem e de manhã mesmo partimos para Gongo. Atravessamos a pé um rio bastante pro-

[27]É a montanha do Caraça.

fundo e depois de algumas horas o espocar de um foguete avisou-nos que estávamos nos aproximando. Seguíamos uma bela estrada através de matas e, diante de nós ao fundo a bela e pequena vila de Gongo, quase européia. O sr. Duval, diretor da companhia das minas, veio ao meu encontro; é com ele que vou me hospedar. Atravesso a vila; logo entro entre duas alas de operários ingleses empregados aqui, depois me fazem passar por um bonito arco do triunfo tricolor onde o sr. Duval faz um pequeno discurso muito amável; é inglês, mas seu pai era francês. Chego à sua casa que é de um andar em estilo europeu, ele me apresenta sua mulher que é polonesa. É uma senhora, entre trinta e quarenta anos, bem *conservada*, elegante e muito educada, o que é bastante agradável neste país. Levam-me para um quarto bonito onde descanso agora esperando a chegada dos meus pertences para me vestir de maneira adequada, pelo menos convenientemente; mas temo que tudo esteja molhado por causa da passagem a pé.

Estou limpo, tudo chegou são e salvo, almoçamos bem e depois jogamos uma espécie de bilhar que existe aqui. Conversamos muito; vou passear com o sr. Duval que me fez visitar o hospital, a igreja, diferentes obras que mandou executar, tudo isso é limpo e bem conservado; depois ele me leva à vila onde moram quatrocentos escravos, é uma vila de negros construída por eles mesmos; cada casa é rodeada de bananeiras, os negros usam uniforme com uma gola vermelha. Como hoje é feriado em minha honra, havia uma festa e nós os vimos dançar umas danças muito curiosas ao som de vários tambores e acompanhadas de canto e de palmas. Depois subi a uma certa altura de onde se tem uma vista muito bela.

30 — Ontem à noite fiquei conversando até às 22h30. Esta manhã, após o café, o sr. Duval apresentou-me todos os seus empregados, ou, como costuma chamar, seus oficiais do estabelecimento. Depois, todo mundo (até as senhoras) montou a cavalo ou em mulas e partimos em direção às minas. Todos os mineiros estavam em alas na estrada fazendo o célebre hip, hip, hurra! Havia um arco do triunfo na entrada. A primeira coisa que visitamos foi um grande moinho de selos (Stamping Mill) novinho, que ainda não tinha funcionado e que me pediram para batizar. Dei-lhe meu nome quebrando uma garrafa de vinho em cima e bebendo à saúde. Dali fomos ao lugar para onde levam o mineral tirado para lavá-lo e onde recebem e registram os produtos da mina. Há dias em que já retiraram mais de cem libras de ouro. As negras fazem a lavagem com muita desenvoltura imprimindo à cuba um movimento circular. Deram-me ali algumas bonitas amostras da mina. Em seguida despimo-nos completamente e vestimos a roupa completa dos mineiros, uma camisa e calça de lã, e, por cima, uma de algodão grosso e uma espécie de blusa de fazenda grossa, sapatos pesados e o chapéu pequeno dos mineiros ingleses. Nesta vestimenta elegante descemos por uma escada a uma profundidade que não pude calcular. Andamos por galerias tão baixas que às vezes tínhamos de ir de quatro, sendo que a maior parte do tempo com água até o tornozelo. Assim percorremos uma parte da mina, com uma vela na mão, e vimos duas veias de ouro em exploração.

Estas veias são muito finas e geralmente misturadas com *mica* amarela que pensam ser ouro. Trabalhei com a picareta em dois lugares e tive a satisfação de encontrar uma veia mais rica do que as outras e tirar um magnífico mineral (*mot alled golo*),* o que fez com que meus guias os mineiros ingleses gritassem capital, *beautiful.***

No final de contas estávamos a trezentos ou quatrocentos pés abaixo do solo, estourando de calor, embora nossos pés estivessem em água bem fresca; eu estava esgotado de andar sempre agachado e, algumas vezes, percorrendo caminhos sentado e escorregando ao longo de um plano muito inclinado. Todos os senhores estavam extenuados e subimos por uma escada vertical. À nossa chegada em plena luz nós nos olhamos e merecíamos ser vistos; estávamos negros a mais não poder, os pés e as mãos como mulatos muito escuros. Lavamo-nos e fomos visitar uma máquina de pedal cujo movimento faz subir e descer os cestos que trazem o mineral da mina. Vimos uma serraria e uma forja movida por uma máquina a vapor. De lá vimos um estabelecimento para tirar o ouro amalgamado com mercúrio. Depois retiramo-nos exaustos. Grande jantar inglês onde passo mal pelo pouco decoro dos meus companheiros *marinheiros.*

1º de fevereiro — Ontem não escrevi no diário. De manhã mandei comprar mulas para substituir as que estavam em mau estado. Depois do café fomos visitar a

*Quer dizer: "a maior parte é ouro." (*N. da T.*)
**Quer dizer: "ótimo, lindo." (*N. da T.*)

caverna dos ladrões (gongo-soco no idioma indígena), que deu seu nome ao lugar. É espaçosa, mas temos de abaixar muito para poder entrar. Vi estalactites, e um riacho atravessa a caverna. Enfim, por volta das onze horas ou meio-dia voltamos pelo mesmo caminho de ida, escoltados pelo sr. Duval e um grupo de senhoras. Andamos assim até São João do Morro Grande onde eu tinha um encontro com o sr. Alchorn diretor da companhia de rio Doce. Não podendo viajar como desejava por causa das febres e doenças graves que existem em grande quantidade no rio, queria ao menos ter todas as explicações possíveis sobre os trabalhos importantes que vão ser executados. Este país por causa de sua situação, população e personalidade dos habitantes está destinado a ficar estacionado por muito tempo. A província de Minas situada no centro do país é a mais rica e a mais importante do Império. As estradas de acesso são e ficarão por muito tempo impraticáveis a qualquer meio de transporte, a não ser por mulas fracas que só carregam fardos extremamente leves. Neste estado de coisas, uma companhia inglesa pensou que se abrisse um dos grandes rios do interior para a navegação teria um enorme lucro e, ao mesmo tempo, faria com que a civilização deste país desse um grande passo. Muitos rios se apresentavam: o rio São Francisco, o maior de todos, tinha sua embocadura muito longe do Rio de Janeiro; outros foram igualmente deixados de lado. Adotaram o rio Doce porque sua embocadura encontra-se entre o Rio de Janeiro e a Bahia, os dois portos do Brasil, e porque ele atravessa o centro desta província de Minas. Mas havia grandes dificuldades, primeiro as margens do rio Doce são vastas florestas desconhecidas e impenetráveis; apenas duas pessoas conseguiram atravessá-las e divulgaram ao público suas observações: o príncipe Maximilien de Wied Neuwied e o sr. de St. Hilaire. Em seguida era preciso reconhecer o curso do rio e esta missão é que foi confiada ao sr. Alchorn, um homem muito inteligente. Todos os detalhes que me forneceu sobre o ano que acabou de passar sobre o rio Doce são do maior interesse. Começou naufragando na entrada do rio, depois subindo a corrente em canoa, levantou o plano de quase todo o rio, armando cada noite sua tenda sobre os bancos que as águas deixavam descobertos, alimentando-se de caça, araras assadas etc. Fez amizade com os índios boto cades (*sic*)* que povoam o país e contou-me as coisas mais interessantes sobre eles, coisas que lamento não poder colocar aqui; e com tudo isso fico pensando que estamos a apenas vinte ou trinta léguas do lugar, mas as febres! O sr. Alchorn ficou por lá e sua saúde está profundamente alterada. Eles encontraram no rio sete grandes quedas que pretendem movimentar por canais mais ou menos inclinados que serão montados por máquinas; três estão no espaço de uma légua podendo ser consideradas como sendo uma só. Em muitos lugares há correntes rápidas que se passa em canoas, mas estas dificuldades não lhes causam preocupação. Dentro de cinco anos acreditam ter organizado o serviço e poder abrir um novo país à civilização. Há pontos

*Índios botocudos. (*N. da T.*)

onde o rio estreitado por rochas não tem mais do que 48 pés de largura, mas a sonda não encontra o fundo. Em outros lugares o rio Doce tem mais de meia légua de largura. Daqui a uns dez anos vou voltar para ver isso tudo. Em breve vamos ver barcos a vapor de oitenta cavalos que organizarão o negócio; tenho muita esperança de que isso vá dar certo. Tudo isso aprendi em um bom almoço em São João depois do qual nos despedimos e partimos para ir dormir na casa de nosso amigo padre Pedro, em Brumado. Hoje de manhã voltamos para Catas Altas onde, neste momento, escrevo neste diário. Acabou de passar um grande enterro com negros como penitentes com um aspecto verdadeiramente diabólico.

Ontem viemos dormir na fazenda de Domingo Fraga onde fizemos os negros dançarem e estavam com grande disposição. Hoje de manhã vimos mulatos e mulatas dançando a indecente Batheca (*sic*)* uma outra dança chamada chaca (*sic*).** Dirigimo-nos a Ouro Preto por outra estrada que abrevia o caminho e evita Mariana. Atravessamos florestas e vi a árvore que dá o quinino, depois chegamos a Antônio Pereira onde descansamos na casa de uma boa senhora que acaba de dar-me um belo macaco.

Há aqui uma mina de ouro que pertence à companhia de Gongo, e que dá o mais belo ouro do Brasil.

---

*Batuque. (*N. da T.*)

**Dança de origem angolana. (*N. da T.*)

3 — Partindo de Antônio Pereira, andamos três horas por caminhos horrorosos antes de chegar a Ouro Preto onde entramos sem cerimônias durante uma forte tempestade. A preguiça dos brasileiros não sabe tirar partido das produções deste país, pois as árvores das matas que acabamos de atravessar produzem baunilha, goma-guta e nos campos se encontra a borracha, e aqui nada fazem. Eu esperava encontrar os índios botocudos em Ouro Preto, mas eles ainda não haviam chegado; desejava ter ido vê-los em suas matas a trinta ou quarenta léguas daqui nas margens do rio Doce, mas febres perniciosas estão grassando no momento com grande violência e tive de renunciar a um dos meus mais caros projetos. Então, nesta manhã, retomamos calmamente a estrada para o rio, dobrando etapas para ganhar tempo; agora estamos descansando aqui no Capão. Fiz uma viagem interessante que me fez conhecer bem o Brasil, mas é a mesma coisa por todo lado, o que me desencantou sobre uma infinidade de pontos.

4 — Do Capão à Alta Virgínia (*sic*) faltavam quatro léguas a serem feitas. Descemos a serra de Ouro Branco muito rapidamente, depois, atravessando a cidade do Ouro, entramos nos campos. Eram quase dezenove horas quando chegamos ao nosso rancho, o sol estava se pondo e iluminava quase horizontalmente a perder de vista os campos vastos e desertos que nos rodeavam. Em um estreito e obscuro pequeno vale vimos nossa pousada envolvida na fumaça que prenunciava o jantar, era uma visão bonita, porém

melancólica. Esta manhã assim que as mulas comeram partimos novamente forçando os animais o mais rápido possível; agora é meio-dia, acabamos de ficar presos por uma tempestade e estamos em Ribeira a quatro léguas do Carandaí onde devemos dormir esta noite.

5 — Neste país é muito difícil calcular o caminho que se faz, uma légua é o tempo que um homem a cavalo percorre: algumas vezes isso pode significar uma hora e meia na França, mas varia muito. Ontem continuamos nossa viagem e por volta das dezoito horas chegamos a Carandaí; nossas bagagens só chegaram muito mais tarde porque encontraram no caminho uma torrente aumentada pelas chuvas e foi preciso descarregar as mulas e passar tudo nas mãos. Em geral há poucos recursos de comida neste país; galinhas, porcos e queijo, eis o principal. Depois, a maior parte do tempo encontramos as compotas de marmelo e goiaba, o que chamam de *doce* e que parece um pouco nossa pasta de gamboa. Esta manhã continuamos nossa rota e encontramos um grande comboio de mercadorias, e cada vez fico mais espantado com a dificuldade de transportes deste país. Para levar aqui um bocado de corda de duas polegadas de diâmetro e uns cinqüenta pés de comprimento são necessárias três mulas que levam uma parte cada uma, e uma mula carregada faz apenas três léguas por dia; assim, se for preciso levar esta corda a cem léguas da costa, são três mulas durante trinta ou quarenta dias que se tem de pagar, manter e um guia para conduzilas, é incrível. Estamos aqui descansando; os senhores

fazem uma omelete que vamos comer, e criancinhas brincam com um filhote de águia que matamos esta manhã.

6 — Por volta das quinze horas chegamos em Barbacena, na casa de nosso amigo *Muito bao* (*sic*) como o chamamos, pois ele repete isso a cada momento. Ele juntou uma coleção de macacos e papagaios do país que vamos levar da maneira que pudermos. Descansei e, depois do jantar, tive uma longa conversa sobre o estado deste país, onde todo o poder caiu nas mãos da Câmara dos Deputados. Até as condecorações, com exceção dos príncipes e até a maioridade do imperador, só podem ser dadas com o consentimento da Câmara.[28] As pessoas são elegíveis com 24 ou 25 anos (não pude saber o censo) e para o Senado aos quarenta anos; para esta assembléia acho que as condições são de uma espécie mais destacada. O regente é nomeado pelas câmaras e exerce a autoridade imperial até a maioridade do imperador.[29] Até agora esta regência estava confiada a um abade Feijó, um homem mal-educado, porém hábil e com bons olhos para a França; uma oposição forte foi formada que terminou por derrubar o abade e daí saiu o ministério atual e à frente o novo regente, marquês de Lima.[30] Tomando as rédeas do governo, esses senhores

---

[28]Engano do príncipe. Durante a menoridade de dom Pedro II não foram distribuídas condecorações, que era atribuição imperial.

[29]A regência que era trina, eleita pela Assembléia e de duração até a maioridade imperial, passou a ser eleita pelos colégios eleitorais e pelo prazo de quatro anos.

[30]Aliás, Pedro de Araújo Lima, como já foi dito.

foram obrigados a reconhecer que todas as instituições que tinham tantas vezes condenado eram necessárias para governar um país. Pressionados entre as exigências do poder e as do partido que os elegeram ficaram muito confusos; as revoluções da Bahia e do Rio Grande complicam a situação e a falta de tropas e, sobretudo, de dinheiro, a coisa mais rara neste país, fazem com que eu não saiba como eles vão se sair no assunto. Mas há uma coisa que salta aos olhos, é a impossibilidade de conservar unido este imenso Império. As províncias comerciais do Pará, de Pernambuco e da Bahia vão separar-se, a do Rio Grande do Sul já se libertou e Santa Catarina seguirá em breve seu exemplo. Restará então um Império composto de Rio de Janeiro, São Paulo, Goiás e Matocross (*sic*)* e alguns pequenos lugares cujos nomes esqueci. Se o governo desejar conservá-los e tirar algum partido, precisa contratar tropas européias, pois não há perigo de uma revolução armada. O brasileiro tem o inato desejo de conservar sua pele ilesa, se bem que quando o Rio Grande libertou-se e a Regência quis enviar tropas, os oficiais que temiam os perigos de uma guerra contra uma população de cavalheiros armados com o temível *lasso*, estes oficiais, como eu dizia, vinham com todas as marcas de espanto perguntar: o quê? Querem que vamos ao Rio Grande para que nos matem? Vejam como são as coisas: a revolta da Bahia privou o governo de grande parte de seus lucros tirando-lhe os direitos de alfândega desta vasta cidade de comércio. Restam os dos outros portos, uma capitação e

*Mato Grosso. (*N. da T.*)

os direitos que pagam as minas exploradas pelos estrangeiros, pois só eles têm boa fé para pagar o valor exato; um artigo de lei diz que tendo pago os direitos que são de 20% ou 15% para os estrangeiros e de 5% para os nativos fica-se desobrigado das despesas da exploração: os brasileiros tratam logo de empregar todo o produto das minas em despesas de exploração e o governo nada recebe. O dinheiro tornou-se uma raridade, uma mercadoria; todos os pagamentos são feitos em papel, mesmo os dos moços de cavalaria. Tudo isso acabei de escrever em Nacimiento, a quatro léguas (portuguesas, portanto cinco línguas e meia francesas) de Barbacena de onde partimos esta manhã; chove freqüentemente e acabamos de deixar a zona dos campos para entrar nas matas.

7 — Ontem saímos de Nacimiento debaixo de uma chuva batida que acompanhou-nos quase o tempo todo; estávamos no meio das matas e nosso caminho era bastante pitoresco. Em um dado local havíamos marcado o caminho em uma espécie de vale pequeno e para abri-lo tivemos de atear fogo aos bosques. O centro deste estreito vale está repleto de árvores meio queimadas, despojadas de folhas de onde ainda elevam-se troncos gigantescos e escurecidos. De cada lado deste amontoado passa um atalho que serve de caminho e depois aparece um monte de árvores grandes recobertas de bambus muito espessos.

O tempo estava sombrio e havia nuvens paradas entre as duas muralhas de verde que atravessávamos, era bastante selvagem. Um pouco mais longe fomos horrivelmente picados por uma nuvem de mosquitos que vinham de um grande ninho que estes insetos suspendem nas árvores. Enfim, por volta das dezoito horas chegamos a Lorenzo onde passamos uma péssima noite, gelados, devorados e sobre colchões de uma dureza tal que fiquei esfolado. Hoje a chuva continua e vamos prosseguir nossa rota.

10 — Não escrevi no diário estes dois dias, anteontem estava cansado e ontem também, mas ontem além do mais estava dominado pela tristeza que me causaram as notícias enviadas por Hernoux. Estava tão tranqüilo, tão certo que estes assassinos execráveis haviam terminado seus complôs; tinha necessidade disso para suportar a ausência; eis que toda a minha segurança foi destruída; por sorte, desta vez, a polícia cumpriu bem o seu dever. Deus queira que isso não aconteça mais, mas não posso ficar longe da França, é preciso que no dia primeiro de maio se houver inspeção eu esteja lá. E esse pobre Tan que quebra o braço; por que já que foi acidente e se isso tinha de acontecer, por que teria de ser por uma bala em Constantina, e ainda se eu tivesse podido estar lá eu tê-lo-ia levado para a França. Enfim, o que está feito está feito, tenho de ficar ao seu lado, pois estou muito triste e não sei se vou poder suportar todas as festas que estão a nossa espera no Rio. É muito triste as cartas demorarem a chegar da França e ter de saber tudo pelas notícias dos jornais. Espero encontrar cartas em Caiena, assim vou apressar minha partida do Rio, passar em Caiena e de lá para a

França para estar lá no dia 1° de maio. Tudo isso aconteceu no momento em que eu fazia novos planos para tornar completa minha viagem. Subir o Amazonas e depois ir a Vera Cruz e, de lá, fazer uma viagem ao México. Tudo isso agora ficou bem longe de minha mente. Quase esqueço todos os pequenos acontecimentos de nossa viagem. Antes de ontem íamos dormir em Entre Morros, a chuva durara todo o dia, nós nos perdemos nas matas cheias de lama de onde nossas mulas não conseguiam sair; foi preciso atravessar um rio sobre pontes de troncos de árvores pouco sólidas e, tudo isso, ao cair da noite. De Entre Morros fomos dormir em Paraibuna, a noite nos pegou antes de chegarmos e os caminhos eram execráveis; quase não encontramos nada para comer. Mas o espetáculo noturno deste rio encaixado entre montanhas altas era muito belo. De Paraibuna fomos para o Paraíba direto e foi lá que recebi o correio que Hernoux teve a feliz idéia de enviar. Ele deixou-me desesperado, mas é preciso sempre dizer tudo e logo eu fiquei agradecido por ele ter pensado em mim. De Paraíba viemos dormir em Secretário e de Secretário partimos esta manhã para Porto Estella.* Neste momento estou dando milho às mulas que terão de percorrer neste dia de quatorze a quinze léguas francesas. Não estou mais agüentando, estou devorado de inquietude, é totalmente necessário que eu parta.

*Porto Estrela. (*N. da T.*)

11 — Ontem, enquanto fazíamos uma pausa, notamos uma liteira conduzindo o marquês de Barbacena para suas terras; depois retomamos nossa viagem e, ao fim de duas ou três horas de caminhada, chegamos ao pico da serra dos Órgãos de onde tivemos uma vista magnífica. O sol dava uma cor tão brilhante ao Rio de Janeiro, sua enseada e a todo o país que se encontrava aos nossos pés; e depois revimos o navio, uma pequena França, que, espero, levar-nos-á em breve para a grande. Descemos a serra debaixo de um sol de uma hora da tarde galopando através do belo trecho que separa a fábrica de pólvora de Porto Estella e chegamos a este local que é, verdadeiramente, muito bonito. Havia um enorme movimento de grandes barcos carregando e descarregando; as pirogas que percorriam o rio Julia Merim[31] davam a tudo isso um aspecto raro neste país. Depois do jantar pegamos um barco que, sob um belo luar, levou-nos a bordo, às dezoito horas. Só viram que tínhamos chegado quando estávamos na ponte. De manhã vou assistir à missa em terra e preparo tudo para nossa festa tão logo quanto possível para poder estar na França no dia 1º de maio, fazendo escala em Caiena. Acabei de encontrar em um jornal o relato do acidente de Tan. Assim sou de alguma maneira a causa dessa e de todas as coisas desagradáveis que ele sofreu por tê-lo aconselhado a voltar por mar. Enfim, sei que agora não há mais nada a fazer.

---

[31]Rio Inhomirim.

15 de fevereiro — Retomo meu diário que parei na minha chegada ao Rio. No dia 11 descansei todo o dia a bordo e admirei meus pertences; nosso leão que cresce a cada dia e fica cada vez mais dócil, um gato tigrado, um sarigüeia* com seus filhotes no bolso, gazelas, macacos, papagaios, coelhos chamados cotias, uma preguiça e seu filhote, o animal mais incrível que jamais vi etc. etc. No dia 12 fui dar uma volta nas lojas para comprar flores de plumas, algumas pedras e peles de animais; depois almocei e jantei em terra, e fui fazer uma visita ao imperador para convidá-lo para o baile.

16 — Passei a tarde desenhando caricaturas para eles. Dei-lhes também a obra de Lessore sobre a África que mandei encadernar convenientemente durante minha ausência. No dia 13 esperei a bordo durante muito tempo uma visita do almirante inglês que havia pedido um encontro e eu havia concedido. Depois fui jantar em São Cristóvão às quatorze horas. Na hora que estava saindo fundeava na enseada o navio inglês de *Dezembro* (*sic*). O jantar correu como habitualmente, só que tentaram todas as oportunidades para me aproximar e *de me juntar com a princesa Francesca,* estranhas manobras. Às dezessete horas subi em uma carruagem e partimos para Santa Cruz. De São Cristóvão a Bangu o caminho não oferece nada de notável e, aliás, pouco vi e os relâmpagos tornavam a obscuridade da noite ainda mais profunda. Chegamos a Bangu às 22 horas,

*Tipo de marsupiais didelfos noturnos que vivem em árvores. (*N. da T.*)

descansamos até às quatro da manhã e fomos para Santa Cruz aonde chegamos por volta das oito horas. Santa Cruz é um palácio, por assim dizer, que tem o aspecto de um grande convento,[32] situado no meio de vastos prados pantanosos povoados pelas tropas do imperador; mais longe ficam os bosques e, finalmente de um lado o mar e do outro as montanhas. Assim que chegamos fui a um coral (*sic*)* ou terreno cercado onde se encontravam cerca de duzentos cavalos dos dois mil que estão soltos na planície. Vi jogar o laço e pegar os cavalos com umas bolas com admirável destreza. O compero (*sic*)** que quer pegar um cavalo monta em um outro que está habituado com este exercício, segura o laço com a mão direita e, perseguindo o cavalo que quer pegar em rápido galope joga o laço no seu pescoço. A outra ponta do laço está presa na sela e cabe ao cavalo do compero usar de todos os meios para resistir aos esforços que o outro cavalo faz para se livrar. Vão então com outro laço amarrar as pernas da frente do cavalo e derrubam-no: quando dominam, selam o cavalo e montam. Mas se é como vi aqui, um cavalo que é montado pela primeira vez não é fácil. Quanto às bolas, são três que giram no ar e que lançam nas pernas do cavalo que querem pegar, elas se enroscam nas pernas e o animal cai. Tentei lançar as bolas, mas são muito pesadas para mim. Tentei também o laço e, ontem, consegui laçar diversos cavalos.

---

[32]Era de fato o convento dos jesuítas adaptado pelo rei dom João VI.

*Curral. (*N. da T.*)

**Campeiro ou vaqueiro. (*N. da T.*)

Ontem de manhã fomos caçar de barco, em um dos rios de Santa Cruz, mas não matamos quase nada; o outro rio onde se encontram jacarés e capivaras está impraticável no momento por causa da inundação. De lá entramos em brejos onde matei um pato e uma garça de três pés de altura que dá as plumas com as quais fazem os penachos dos oficiais superiores da guarda nacional. À noite retomei minha aula de laçar e atiramos com pistolas. Hoje fomos a uma légua daqui para uma caçada aos veados, espécie de gazelas. Atravessamos o rio em uma piroga e os cavalos foram a nado. Depois de uma viagem difícil no meio de belos bosques virgens, colocaram-nos à espreita onde ficamos até as 12h30, sendo devorados por mosquitos etc. Voltando ainda fui ao brejo matar lindos jacamins. Só escrevo este diário por desencargo de consciência, pois estou morto de tédio e esqueço a coisa principal, as cartas da França! Infelizmente posteriores aos tristes acontecimentos que me preocupam. Amanhã retorno ao Rio para ativar minha partida.

20 — Bem cedo no dia 17 fui fazer uma derradeira caçada no brejo e depois uma última aula de laçar na qual me saí muito bem, pois montado no cavalo lacei um potro que derrubei. Depois voltamos ao Rio e parando para jantar em Bangu fizemos em treze horas as doze léguas que nos separavam do Rio. No dia 18 desembarquei para ir à missa e, depois do almoço, fui à ponta de acaju para ver os preparativos de nossa pequena guerra. Dia 19, bem cedo fui visitar a Câmara dos Deputados, e depois a Casa da Moeda, o estabelecimento mais aperfeiçoado que vi no Brasil.

Fizeram a cerimônia da entrega da medalha com a qual fui agraciado, isto é, fizeram sair de debaixo de um canto uma medalha onde um homem saudável com cabelos longos estende a mão a um selvagem na beira do mar e por trás estava escrito: "O príncipe de Joinville desembarca no Rio de Janeiro." Em seguida vi o museu onde há uma mostra dos escudos dos antigos selvagens e outros objetos muito interessantes. Depois fui à Alfândega, à Bolsa, à Academia de Belas Artes que eu havia esquecido. Voltando a bordo preparamos tudo para nossa pequena guerra. Às 16h30 cheguei ao cais de São Cristóvão onde peguei o imperador no meu barco com as princesas, suas damas etc. Em uma pequena ilha situada na enseada vimos construído um pequeno campo com tendas e um pequeno forte com sacos de terra defendido por dois canhões. Nesta ilha estava colocada a companhia do barco disfarçada, com sacos nas costas e encarregada de defendê-la. As embarcações armadas para guerra vieram atacar a ilha com tiros de canhão, depois todos os marinheiros com os oficiais à frente pularam na água, nadaram para a terra onde se enfrentaram em formação de combate. Levei o imperador que estava encantado e que fazia sua parte com um grande mosquete de munição. Depois de um pequeno combate subiram para o assalto e o forte foi tomado. Então peguei o imperador e disse-lhe que os inimigos tendo abandonado sua ração seria preciso comê-la e levei-o para uma grande tenda onde havia um excelente almoço com sorvetes e frutas de todas as espécies que nós comemos. Enquanto isso, a música tocava Rob e os Huguenotes, as beiradas da tenda estavam suspensas de modo que deixavam ver a baía do Rio de Janeiro coberta de barcos e de pirogas cheias de curiosos. Em seguida relaxamos por algum tempo; meu leão, que eu tinha trazido, divertia os convidados, depois embarcamos novamente. Agora deveria ocorrer uma pequena guerra noturna com fogos de artifícios, mas isso teria de ser sobre o continente e como não há aqui nenhuma espécie de polícia, tudo foi invadido por uma imensa multidão no meio da qual perdi o imperador e suas irmãs, encantados de ver tal festa, cruzando a baioneta com suas sombrinhas etc. etc., mas eu não estava contente, pois a desordem era horrorosa, todos os homens dispersados pela multidão atiravam a torto e a direito, as bombas e as panelas choviam de todos os lados, eu temia os acidentes. Finalmente consegui tirar o imperador de lá e tudo terminou com uma encantadora parada de tochas. Todos os nossos marujos com roupas de abordagem, negros por causa da pólvora, tinham um aspecto incrível. Quando tudo terminou o imperador foi embora de carruagem e apresentaram-lhe armas com a saudação dos Orleans. Aconteceram alguns acidentes, dois homens ficaram seriamente queimados pela explosão de uma caixa de pólvora na lancha; teme-se que um deles corre perigo de perder a vista; espero que não, em todo o caso vou dar uma atenção a isso.

21 — Ontem de manhã bem cedo me levantei da cama disposto a dedicar meu dia aos preparativos finais de nossa festa à noite. Trabalhei o dia todo e à tarde tive a satisfação de ver tudo pronto e tão bem arrumado quanto possa estar

a bordo de um barco. Os convidados, mais ou menos uns setecentos, começaram a chegar por volta das dezenove horas. Mas o imperador, preso em terra por um temporal, que felizmente não prejudicou nosso frágil edifício, só chegou às 22 horas. Até então ninguém dançou e a música não tocou. Assim que a lancha do imperador chegou mais perto, desci à frente de nosso estado-maior até uma plataforma que havia sido construída no nível das embarcações. Ali fui recebê-lo, uma quantidade de fogos de bengala clareando a noite como se dia fosse, e a corveta ancorada perto do barco saudava com as baterias. Subimos então uma escadaria atapetada, construída para este fim, toda enfeitada de folhagem e flores. Chegando ao alto o imperador encontrou em uma sala de espera feita sobre o passadiço a Guarda de Honra que rendeu as homenagens com a saudação de Orleans. Dali ele entrou no salão de baile que ocupava todo o castelo da popa. Havíamos tapado todas as placas e tirado os canhões, no lugar encontravam-se arquibancadas cheias de senhoras, o filerete fora transformado em uma grande jardineira e, acima, espelhos e escudos com o monograma do rei e bandeiras brasileiras e francesas. Toda a sala estava decorada de branco com guirlandas tricolores. Estavam iluminadas por sete lustres e uma infinidade de braços com velas. Ao pé do grande mastro ficava nossa orquestra que causou admiração universal. O imperador e suas irmãs foram sentar em um canapé colocado sobre um estrado no lugar onde geralmente fica o leme. Depois o levei ao redor do salão e durante este tempo a orquestra tocava, sob minhas ordens, músicas ligeiras e sarabandas dos

Huguenotes; isso representava um pouco o meu estado de espírito. Estava esquecendo de falar do tombadilho decorado e iluminado quase como o salão, só que com grandes e confortáveis sofás; no fundo se encontrava um brasão de armas com as bandeiras da quádrupla aliança acrescida da belga, da brasileira e da americana. Tendo terminado a volta, dançamos; para começar dancei com as princesas, depois me liberei e, fazendo isso, joguei por terra uma das leis da etiqueta brasileira. Pois foram forçados a fazer o imperador dançar com as senhoras e as princesas com os oficiais, com diplomatas etc., como é costume na nossa terra.

Era uma visão realmente linda esses dois andares de dançarinos e nosso teto formando uma imensa rosa-dos-ventos com uma Cruz de Honra ao norte e o Cruzeiro do Sul ao sul. Por volta da meia-noite o imperador foi cear, tínhamos uma mesa de 120 lugares na plataforma da bateria. Todas as senhoras acomodaram-se e o contraste desta festa e todas as luzes com os enormes canhões da bateria era bastante original. Esqueci de mencionar que os apartamentos do comandante estavam com as mesas de jogo e os jogadores, os meus com os apreciadores de gravuras; também sobre o passadiço de bombordo havia uma pequena sala mourisca iluminada por vidros suspensos onde se encontrava um bufete bem farto e o toalete para as senhoras. Depois do jantar das senhoras teve lugar o dos homens, depois a tripulação veio tomar parte no festim e soltaram hurras prodigiosos. Neste ínterim o imperador partiu e como uma certa quantidade de senhoras manifestava intenção de segui-lo proibi que lhes dessem barcos. O baile então retomou seu auge, dancei até cair morto; depois estando todos muito animados dançamos o cotillon no meio do qual soltamos o leão. Eu tinha bebido vinho misturando com champanhe como se fosse água. Finalmente às 4h30 separamo-nos ao som de hinos patrióticos. Somando tudo foi um sucesso e causou admiração geral: nunca se vira nada parecido no Rio de Janeiro.

Hoje estou cansado; recebi para o almoço o sr. Mary, ministro da Bélgica, que me mostrou muitas vistas do Brasil maravilhosamente bem desenhadas por ele.[33]

22 — Velas ao vento, presentes a serem distribuídos, escrevo na França; nosso baile, realmente, sustentou bem a honra nacional e a de nossa família.

---

[33]Benjamin Mary foi o primeiro encarregado de negócios da Bélgica no Brasil, de 14 de janeiro de 1834 até 1839. Notável aquarelista, deixou uma preciosa coleção de vistas de nossa terra que confiou ao príncipe de Joinville. São de sua autoria várias ilustrações do original.

Este livro foi impresso nas oficinas da
Distribuidora Record de Serviços de Imprensa S.A.
Rua Argentina, 171 – Rio de Janeiro, RJ
para a
Editora José Olympio Ltda.
em dezembro de 2006

*

75º aniversário desta Casa de livros, fundada em 29.11.1931